身懷六藝，承載六經！

孔子

舒大剛 著

重寫亂世秩序

講仁不只要愛人，重禮不只為形式，信命但是不服輸！

孔子如何以教化之力，在亂世中點燃人類精神的明燈

他走在動盪的春秋時期，用一生詮釋心中理想

以「仁、義、禮」鋪出一條超越時代的精神之路

以仁義立身，作千古典範

一覽孔子穿越兩千年的諄諄教誨

目錄

總序

這是一個需要聖人並且誕生了聖人的時代。

在西元前800年至西元前200年，在地球北緯20°和北緯40°之間的地域，世界上一批思想巨星和藝術宗匠閃亮登場，他們的思想和學說照亮了歷史的天空，開啟了人類的智慧，並一直溫暖著人們的心靈。

那是一個群雄紛爭、諸邦並列的時代：在古代歐洲，是希臘、羅馬各自為政的城邦制時代；在南亞次大陸，是小國林立、諸邦互鬥的局面；在古代中國，則是從「溥天之下，莫非王土」的西周王朝，轉入了諸侯爭霸、七雄戰亂的「春秋戰國」時代。那時天下大亂，戰火連綿，強凌弱，眾暴寡，爭地以戰殺人盈野，爭城以戰殺人盈城，百姓生活在被侵襲、蹂躪和面臨死亡的威脅之中。如何才能恢復社會秩序、實現社會安定？什麼才是理想的治國安邦良策？芸芸眾生的意義何在？人類前途的命運何在？正是出於對這些現實問題的思考，一批批先知先覺誕生了，一服服治世良方出現了。人類歷史也由此進入了智慧大爆發、思想大解放的「諸子並起，百家爭鳴」時代！

在古波斯，瑣羅亞斯德（西元前628年至前551年）出現了；在古希臘，蘇格拉底（西元前469年至前399年）、柏拉圖（西元前427年至前347年）出現了；在以色列，猶太教先知們出現了；在古印度，佛陀釋迦牟尼（約西元前565年至前485年)誕生了;在中國,則有管子(約西元前723年至前645年)、老子(約西元前571年至前471年)、孔子(西元前551年至前479年)、孫子(約西元前545年至約前470年)、墨子(約西元前475年至前395年)等一大批精神導師、聖人賢人橫空出世!

德國哲學家卡爾·雅斯培(Karl Jaspers)在1949年出版的《歷史的起源與目標》(*The Origin and Goal of History*)中,將這一時期定義為「軸心時代」,並認為,「軸心時代」思想家們提出的思想原則,塑造了不同的文化傳統,也一直影響著人類未來的生活。在希臘、以色列、中國和印度的古代文化都有著「終極關懷的覺醒」,智者們開始用理智的方法、道德的方式來面對這個世界,同時也產生了宗教和哲學,從而形成了不同類型的智慧,逐漸形成了「中華文化圈」、「佛教和印度教文化圈」、「希臘—羅馬和猶太—基督教文化圈」,決定了今天西方、印度、中國、伊斯蘭不同的文化形態。這些文化圈內人們的思想因為有了「軸心時代」思想家的智慧火花,才一次又一次地被點燃,這些文化也才一代又一代地得以傳承和發展。

相反,由於沒有「軸心時代」先知先覺思想的恩惠,一些古老文明也就無緣實現自己的超越與突破,如古巴比倫文化、古埃及文化、古馬雅文化,它們雖然都曾經規模宏大、盛極一時,但最終都被歷史的歲月無情地演變成文化的化石。

中華民族以其悠久的歷史和燦爛的文化屹立於世界民族

之林，中華文化歷經數千年而不衰竭，以雄姿英發之勢，傲視寰宇。中華文化是「世界四大古文明」(古埃及、古巴比倫、古印度和中國)中傳承序列最明晰、文化形態最溫和、發展持續性最強的一種文化。

浩浩龍脈，泱泱華夏，何以能創造如此文明奇蹟？中國「軸心時代」期間的「諸子百家」、聖人賢人所做的絕妙思考和留下的精神財富，無疑就是歷代中國人獲取治國安邦之術的智慧泉源。在這一群聖人賢人之中，有德有位、立言立功、多才多藝的周公(姓姬，名旦)無疑是東方智慧大開啟的奠基者。歷五百年，隨著王室東遷、文獻流播，而有管子、老子、孔子、孫子者出。管子是用知識和理想治理社會和國家而獲得成功的第一人，是後世儒與法、道與名諸多原理的蘊蓄者；老子曾為周守藏室史，主柱下方書，善觀歷史，洞曉盛衰，得萬事無常之真諦，故倡言不爭無為，而為道家鼻祖；孫子雖言兵，然而崇仁尚智，以兵去兵，而為兵家之神聖；同時，有孔子者出，遠法堯舜之美，近述周公之禮，刪六藝以成「六經」，開學宮以授弟子，於是乎禮及庶人，學術下移，弟子三千，達徒七十有二，口誦「六經」，身行孝敬，法禮樂，倡仁義之儒家學派因而誕生！

自是之後，民智大開，學術鼎盛，家有智慧，人有熱忱，皆各引一端，各樹一幟，於是崇儉兼愛的墨家(以墨翟、禽滑釐為代表)、明法善斷的法家(以申不害、商鞅、韓非為代表)、循名責實的名家(以鄧析、公孫龍為代表)、務耕力織的農家(以許行、陳相為代表)、清虛自守的道家(以文子、莊子為代表)、象天制歷的陰陽家(以子韋、鄒奭、鄒衍為代表),以及博採眾長的雜家(以尸佼、呂不韋為代表)、縱橫捭闔的縱橫家(以鬼谷子、蘇秦、張儀為代表),紛紛出焉,蔚為人類思想史上之大觀!

諸家雖然持說不同、觀點互異,但其救世務急之心則一。善於汲取各家智慧,品讀各家妙論,折中去取,必收相反相成、取長補短之效。《詩》曰:「我思古人,實獲我心!」生今之世,學古之人,非徒抒弔古之幽情、發今昔鉅變之慨嘆而已,亦猶有返本開新、鑑古知今之效云爾!

是為序!

序

孔子（西元前551年至前479年）是古代教育家、思想家和政治家，他出生於沒落貴族家庭，幼而貧賤，透過刻苦自學，位至大司寇，攝行相事，他是春秋時期「學然後從政」和「學而優則仕」的典型。他熟知歷史，樂天知命，精習禮樂，提倡仁義，為救世救民輾轉南北，奔波東西，雖然未能大展其才，然而他那百折不撓、天下為己任的精神，被當世賢者讚為救世之「木鐸」。他高風亮節，知識淵博，道德人格更是令人折服。

他一生從教，弟子三千，賢者七十二，形成了中國歷史上產生最早、影響最深、氣勢龐大的真正的學術流派——「儒家」。他修訂《六經》（即《易》、《書》、《詩》、《禮》、《樂》、《春秋》），託古見意，成為後世研之不窮的聖經寶典。特別是他那宏大的思想體系、實際的人生哲理，更成了後儒演繹不盡、汲溉千古的精神泉源……尤其是他一生行教，四處遊說，展開了私人辦學的新風，點燃了人民智慧的火焰，實際上引導和促成了「百家爭鳴」時代的到來，更是東方「軸心時代」的偉大導師。

孔子心愛的弟子顏回感嘆說：「仰之彌高，鑽之彌堅。瞻之在前，忽焉在後。夫子循循然善誘人，博我以文，約我以禮，欲罷不能。既竭吾才，如有所立卓爾。雖欲從之，末由也已！」（《論語・子罕》）

中國史學之父司馬遷也說：「天下君王至於賢人眾矣。當時則榮，死則已焉。孔子布衣，傳十餘世，學者宗之。自天子王侯，中國言『六藝』者折中於夫子，可謂至聖矣！」（《史記·孔子世家》）

這不僅是顏回、司馬遷之私言，也是千百年來華夏人民的共同感受。孔子的品格高如南山，孔子的智慧博大無邊，凡是讀孔氏書、想見其為人的人，無不如沐春風，身心快暢，也無不被其感召而心悅誠服！隨著漢武帝「罷黜百家，表彰六經」國策的確立，孔子思想對華人的家庭生活、社會生活和政治生活影響深遠，成為塑造中華思維和中華文化的模型正規化。

生今之世，思古之人，孔子自然是我們首先想到的最佳人選。處今之事，學古之智，孔子當然也是我們最希望獲得有益教誨的至聖先師。

第一章　孔子：聖人的風采

民族因聖人而昌盛，文化因聖人而輝煌。豈不是嗎？歐洲因為有耶穌基督而文明，印度因為有釋迦牟尼而神聖，阿拉伯人因為有穆罕默德而輝煌，中華文化也因為有自己的精神領袖 —— 孔子而偉大。

孔子是中華的至聖先師，他的思想和智慧獨具特色，自成體系，流傳廣泛，影響深遠，是中華智慧的精神泉源，是中華文化塑造的典範。宋代蜀人說：「天不生仲尼，萬古如長夜！」孔子的教誨驅散了愚昧的迷霧，孔子的思想照亮了黑暗的時代。

耶穌基督、釋迦牟尼、穆罕默德都成了宗教教主而被神化，也越來越脫離凡塵俗世，孔子卻始終保持其人間智者、萬世師表、凡世聖人的本色，一直與世人親切相處，無微不至地影響著華人的教育活動、思維活動以及其他精神生活。他是一位哲學家、思想家，又是一位教育家和道德實踐家。

身為一位智者，他給予人滿腔熱忱的教誨，給予人豐富多彩的智慧，也給人如沐春風般的關切。華夏人民世世代代崇敬他、紀念他和學習他，他的思想也走出國門，施教八方，贏得世界範圍的榮譽和愛戴。他被推為對人類文化有卓越貢獻和深遠影響的世界「十大思想家」之一，並榮居榜首。[01]

---

[01]　「十大思想家」：孔子、柏拉圖、亞里斯多德、阿奎那、哥白尼、培根、牛頓、達爾文、伏爾泰、康得。見 1984 年美國《人民年鑒手冊》。

第一節　從孤兒到良師

孔子事蹟，在《史記》有傳，稱〈孔子世家〉。孔子，名丘，字仲尼，西元前 551 年出生於魯國陬邑昌平鄉。昌平鄉在今山東曲阜東南 30 公里的尼山附近。尼山西南有昌平山，山腳有昌平亭，山下昌平之魯源村。

孔子祖先本是宋國公族，是殷代「三仁」之一微子啟的後裔。孔子祖先一系本是微子嫡傳，至弗父何讓位於弟弟宋厲公，遂由公室降為輔政公族。六世祖孔父嘉在政治鬥爭中失利，遭到殺身奪妻之禍。《左傳》桓公二年記載，「宋華父督見孔父（嘉）之妻於路，目逆而送之曰：『美而豔。』二年春，宋督攻孔氏，殺孔父而取其妻。（宋殤）公怒，（華父）督懼，遂弒殤公」。據此，孔父嘉與華父督的矛盾似為奪妻，但同年三月《左傳》又曰，「宋殤公立，十年十一戰，民不堪命。孔父嘉為司馬（掌兵），（華父）督為大宰（執政），故因民之不堪命，先宣言曰：『司馬則然。』已殺孔父而弒殤公」。可見孔父嘉的失敗，實為政治上的失誤被人構陷所致。

子弟畏於仇家，逃難於魯國，世居陬邑，於是成為魯國人。古代得姓的原因很多，其中有「以王父之字為姓」之制。「孔父嘉」，「孔父」是字，「嘉」才是名，就像前面的「弗父何」、後面的「叔梁紇」一樣，「弗父」、「叔梁」都是字，「何」、「紇」才是名。孔父嘉的後人以「孔」為姓，孔父嘉就成了孔子這一支的遠祖。

《孔子家語・本姓解》載：「孔父生子木金父，金父生睪夷，睪夷生防叔，避華氏之禍而奔魯。」似乎孔父嘉之後，至曾孫孔防叔時，孔氏子孫始奔魯國，不確。崔述《考信錄》云：「孔父為華督所殺，其子避禍奔魯可也。防叔其曾孫也，其世當宋襄、成間，於時華氏稍衰，初無構亂之事，防叔安得避華氏之禍？」崔氏所疑有理。孔子祖先之奔魯，應在木金父之時。

在魯國，孔氏子孫四代皆不顯，直到孔子父親叔梁紇，才稍有事蹟見稱於史籍。叔梁紇身強力壯、勇武有謀，是頗有名氣的武士，累功積勳，升為郰邑大夫，故又稱「郰人紇」。後世以孔子貴，封為「梁公」。

叔梁紇先娶施氏女為妻，生有九女；再娶一妾，生子孟皮，病足。晚年乃與顏氏女徵在結合而生孔子。關於孔子出生，《史記・孔子世家》曾記載說：「紇與顏氏女野合而生孔子。」何為「野合」？司馬貞《索隱》注云，「《家語・本姓》云：『梁紇娶魯之施氏，生九女。其妾生孟皮。孟皮病足，乃求婚於顏氏，徵在以父命為婚。』其文甚明。今此云『野合』者，蓋謂梁紇老而徵在少，非當壯室初笄之禮，故云野合，謂不合禮儀」。張守節《正義》：「男八月生齒，八歲毀齒，二八十六陽道通，八八六十四陽道絕。女七月生齒，七歲毀齒，二七十四陰道通，七七四十九陰道絕。婚姻過此者，皆為野合。……據此，婚過六十四矣。」根據兩家注釋，「野合」是指結婚年齡懸殊，不合禮儀。亦有人認為「野合」是上古求子的婚俗，以為男女的野外結合，容易得子，但這不能說孔子是「私生子」。因為那也是合乎古代婚俗的。

孔子生來頭上圩頂，有似阿丘，故取名為丘。孔子生前，其父母曾禱於尼丘之山，故取字仲尼。在尼丘山東麓至今尚有坤靈洞，相傳當年叔梁紇、顏徵在即祈禱於此，並於洞中生下孔子。洞內原有石刻孔子像、夫子几、夫子床等物件。

不幸的是，孔子剛三歲，父親叔梁紇就死了，孔子隨母移居曲阜闕里。

孔子少年時代生活十分艱苦，自幼年起即幫助孀居的母親做些工作，他後來回憶說：「吾少也賤，故多能鄙事。」（《論語．子罕》）因而他體知下情，關心民瘼，也多才多藝，技能全面。

稍長，孔子曾當過季孫氏的管理倉庫的「委吏」和負責畜牧工作的「乘田」。《孟子》和《史記》都記載了此事。《孟子．萬章下》載，「孔子嘗為委吏矣，曰：『會計當而已矣。』嘗為乘田矣，曰：『牛羊茁壯長而已矣』」。《史記．孔子世家》也說：「孔子貧且賤，及長，嘗為季氏史，而料量平；嘗為司職吏，而畜蕃息。」

孔子身高九尺六寸（約合今 2.16 公尺），號稱「長人」。與他父親叔梁紇一樣，力大無比，可托起城門[02]。

孔子少而好學，長而知禮，青年時即以博學多才飲譽於上流社會。魯國是西周開國元勛周公的封國，經伯禽等歷代魯君的治理，人民以孝謹聞，風俗以禮樂勝。由於周公輔佐成王的歷史功勳，周天子特許魯國在禮樂制度上具有優於其他諸侯國的特權，魯國祭祀享有天子之禮。《禮記·明堂位》說，周王「命魯公世世祀周公以天子禮」（《史記·魯周公世家》）。〈明堂位〉又說：「凡四代（唐、虞、夏、商）之器、服、官，魯兼用之，是故魯王禮也。」魯因藏有唐、虞、夏、商的禮器，擁有周王才享有的全套禮儀，這是其他任何諸侯國都無法比擬的。歷史經過數百年的演變，至春秋末年已經禮壞樂崩，斯文掃地，許多諸侯國已不知道周禮的內容了，他們要想知道周禮的規模，都不得不到魯國來「觀禮」。《左傳》襄公十年載：「諸侯宋、魯，於是觀禮。」因為宋國是殷人的後裔所封，魯國是周公的封國，故有先王之禮儀可以觀瞻。《左傳》昭公二年記，韓宣子使魯，見《易象》與《魯春秋》，喟然嘆曰：「周禮盡在魯矣。」襄公二十九年記，吳季札聘於中國，唯有在魯國觀《禮》聽《樂》後，才嘆為「觀止」。儘管當時天下都不講禮了，但魯國的禮樂文化卻甲於諸

[02] 《呂氏春秋·慎大》說：「孔子之勁，舉國門之關（城門），而不肯以力聞。」《淮南子·道應》同，〈主術〉又曰：「孔子之通，智過於萇弘，勇服於孟賁（大力士），足躡郊菟（免），力招城關，能亦多矣。」

侯，衣冠文物盛於天下。

孔子隨母親遷居都城曲阜，便在這個文化氛圍中養成了知書好禮的習性。《史記》說「孔子為兒嬉戲，常陳俎豆，設禮容」，模仿大人學習典禮之事。當時天下大亂，唯利是圖，淫靡成風，世風不競，平民百姓無由知曉禮樂，紈褲子弟又沒有興趣問津禮樂，整個社會從風俗習慣、精神面貌到政治生活，都出現了越禮僭位的現象，嚴重影響了社會的治安與和諧。

孔子出於對禮樂的特殊愛好，也為了練就「說禮樂，敦詩書」（《左傳》）的才能，以便獲得仕進的機會，在十五歲時便立志進行系統學習和深入研究。《論語・為政》記孔子曰：「吾十有五而志於學，三十而立，四十而不惑，五十而知天命，六十而耳順，七十而從心所欲不踰矩。」從此走上一條追求文明理性、詩書禮樂的道路。他「食無求飽，居無求安」（《論語・學而》），「學而不厭」（《論語・述而》），處處留意，人人為師。《論語・述而》載孔子自謂：「三人行，必有我師焉，擇其善者而從之，其不善者而改之」，「見賢思齊焉，見不賢而內自省也」。〈子張〉載衛公孫朝問：「仲尼焉學？」子貢曰：「文武之道，未墜於地，在人。賢者識其大者，不賢者識其小者，莫不有文武之道焉。夫子焉不學？而亦何常師之有？」即是其好學博問的真實紀錄。

孔子未及弱冠，即以「博學」、「知禮」聞名於士大夫之間，還引起了魯昭公的注意。孔子十九歲娶妻亓（ㄑㄧˊ）官氏（《孔子家語．本姓解》），二十歲生子，魯昭公特地賜以雙鯉，以示褒獎。孔子榮之，將兒子取名為「鯉」，字之「伯魚」。

到了三十歲時，孔子已學會禮、樂、射、御、書、數六種技藝（號稱「六藝」），全面具備了貴族社會引為至能的全套本領。孔子三十而立之「立」，乃立於禮。孔子曾說：「不學禮，無以立。」（《論語．季氏》）又說：「興於詩，立於禮，成於樂。」（《論語．泰伯》）可見孔子「三十而立」之時，已掌握了以禮樂為核心內容的「六藝」。於是贏得了當時魯國最有權勢的三家大夫（「三桓」）的讚賞。

《左傳》昭公七年記載說，這年九月，魯昭公與楚君相會，孟僖子從，在外交活動中卻不能相禮，回來之後，孟僖子即提倡學禮。臨死時，召其大夫曰：「禮，人之幹也。無禮，無以立。吾聞將有達者曰孔丘，聖人之後也，而滅於宋……臧孫紇有言曰：『聖人有明德者，若不當世，其後必有達人。』今其將在孔丘乎？」於是派自己的兩個兒子孟懿子、南宮敬叔師事孔子。其時孔子才三十四歲。

「桃李不言，下自成蹊。」孔子博學淵深，深得人們崇敬，不少青年相率跟隨他學習禮樂技能和文化知識。孔子於是開講堂，設杏壇，招門徒，弦歌鼓瑟，研習禮樂。《莊子．漁父》曰：「孔子遊乎緇帷之林，休坐乎杏壇之上。弟子讀書，孔子弦歌鼓琴。」即是當年孔子首開私人講學之風的真實寫照。

孔子在魯國講學的意義是十分深遠的。其一，孔子使教育由官府下放到民間，是中國民辦教育的開端。在這以前，「學在官府」，各級學校為政府所控制，《禮記．學記》云：「古之教者，家（大夫）有塾，黨有庠，術（州）有序，國有學。」教育都是大夫之家（貴族）以上的事情，平民子弟很少有機會。

其二，自孔子始，中國才有了專門從事教育職業的教師，便於教學方法和教學水準的改進和提高。孔子以前沒有專職教師，各級學校只以年老退休的官員擔任教職。《荀子．法行》載：「孔子曰『君子有三思，而不可不思也。少而不學，長無能也；老而不教，死無思也；有而不施，窮無與也。是故君子少思長則學，老思死則教，有思窮則施也。』」又〈宥坐〉記，「孔子曰：『幼不能強學，老無以教之，吾恥之』」。從孔子「老而教」的話語中可知，當時沒有專職教員，執教者都是老年士大夫。

其三，孔子打破了從前貴族壟斷教育的局面，使下層人民也有接受教育的機會和權利。從前「禮不下庶人」，教育即是習禮的過程，庶人當然無緣參與禮樂之事。孔子教學實行「有教無類」（《論語．衛靈公》）的教育方針，不論貴賤貧富，都可以在他那裡接受教育。他曾自敘：「自行束脩以上，吾未嘗無誨焉。」(《論語．述而》)只要能交納起碼的求師禮物，孔子都熱情地予以教誨。他還認為:「性相近也，習相遠也。」(《論語．陽貨》)沒有天生的壞人和愚蠢，只是後天的習染才使人分出優劣和好壞。只要接受教育，人人都可以透過學習充實改造自己，變換氣質，成為有用的人。

其四，孔子確立了明確的教育方向，那就是對上層人物進行教育，使其喚醒仁義愛心，減輕對人民的無情剝削和殘酷壓迫；對下層人民進行教育，使其明白職分，遵守規矩，成為好的公民。透過教育從上下兩個方面來提高個人素養和實現社會的安定與和諧。「君子(統治者)學道則愛人，小人(被統治者)學道則易使也。」(《論語．陽貨》)這一句話就是很好的證明。

其五，孔子編選了固定的教材，即「六經」。他刪《詩》、《書》，訂《禮》、《樂》，贊《易》，修《春秋》，整理古代文獻，用於文化教育，這就是盛傳兩千多年的「六經」，又稱「六藝」。《史記》稱:「孔子以《詩》、《書》、《禮》、《樂》教，弟子蓋三千焉，身通六藝者七十有二人。」「六藝」即指此「六經」。

總之，孔子在中國教育事業上的貢獻是多方面的，也是巨大的。在那樣早的時代，進行如此系統的教學，這在人類文化史上也是第一次，比柏拉圖在古希臘創辦「學園」早了百餘年。

孔子以極大的熱情投入教學，「學而不厭，誨人不倦」（《論語．述而》）。

孔子教學善於因材施教，循循善誘。他曾總結自己的教學經驗曰：「中人以上，可以語上也；中人以下，不可以語上也。」（《論語．雍也》）他認為應根據智力和修養的程度，分別予以不同深度的教學，從而使各類學生都獲得與其智力和學養相稱的培養，引得無數青年學子大為折服。孔子的得意弟子顏淵曾感嘆說：「夫子循循然善誘人，博我以文，約我以禮，欲罷不能。」（《論語．子罕》）

不少青年就是在孔子的引導下，由淺入深，由野蠻到文明，甚而從平凡到賢智，步步深入，級級登高，成為青史留名的聖賢傳人。相傳孔子弟子三千，其中深通「六藝」的就有七十二人（即「七十二賢」），而成為聖賢的有十人（即「十哲」），這些都是孔子因材施教結出的豐碩成果。

弟子越來越多，孔子的聲名也越來越大。《論語．子罕》記，「達巷黨人曰：『大哉孔子！』」《史記》載：孔子三十歲時，齊景公訪魯，曾造訪孔子。一介平民能引起外國君主的重視，可見孔子已是具有「國際」影響力的重量級人物了。

為了進一步充實自己，豐富和完善禮制，孔子曾在魯昭公的資助下，到過宗周洛陽學習周禮，並向周朝的柱下史官、道家學派創始人老聃問學。《史記》載，「南宮敬叔言魯君曰：『請與孔子適周。』魯君與之一乘車，兩馬，一豎子俱，適周問禮，蓋見老子云」。此外，孔子為了研習夏禮到過杞國，為研習殷禮到過宋國，都頗有收穫。他曾云：「吾欲觀夏道，是故之杞……吾得《夏時》焉；吾欲觀殷道，是故之宋……吾得《坤乾》焉。」（《禮記 · 禮運》）

因此，他開闊了眼界，提高了認知。透過比較夏、商、周三代禮制，孔子覺得夏、商世遠，禮缺有間，文獻無徵，相比之下，只有周禮最為完美。他說：「夏禮吾能言之，杞不足徵也；殷禮吾能言之，宋不足徵也。文獻不足故也。」（《論語 · 八佾》）於是他將周禮確定為終身追求的文化模式，並讚嘆說：「郁郁乎文哉，吾從周！」（《論語 · 八佾》）

由於周公「制禮作樂」，西周社會結束了夏商時期（特別是商之末世）的殘暴狀態，社會走向文明禮制。尤其是實行「宗法制」，使貴族集團確立了合理的財產和權力繼承制，避免了許多內部的紛爭，加強了內部的團結，實現了政治穩定；實行「井田制」，使生產力和生產成果緊密結合，增加了社會財富，促進了經濟繁榮；實行「分封制」，將近親和遠戚，尤其是有功之臣，分封到「天下」、「萬國」各個地方，發揮了對王室的拱衛作用，加強了對邊遠地區的開發和控制。西周統治者馬放南山，偃武修文，使天下人民得以休養生息，也使社會的價值觀向和平、禮樂方面轉化，這些都是促使中國社會迅速進步、文明程度大為提高的重要保證。孔子對周禮的陶醉和提倡，使文王、武王、周公以來形成的禮樂文明得以提倡和延續，這對華夏.和平文明、好禮重德之風的形成，具有重大促進作用。如果說，中華文化因周公而文明，而中華文明又因孔子而久遠。

第二節　隱居以求其志

憑著孔子對周禮的精熟，要想進入貴族階層，取得利祿，應是易如反掌。但孔子對魯國當時的形勢非常失望：魯君具位，「三桓」[03]專權。三桓世代把持朝政，不將魯公放在眼裡。「三桓」中的季孫氏實力最雄厚，「富於周公」（《論語·先進》），權勢很大。「三桓」世代把持朝政，魯君成了他們較量實力、分配權力的傀儡。他們獨攬朝政，僭用禮樂，專行征伐。魯昭公時，魯國大臣樂祁已說：「政在季氏三世矣，魯君喪政四公矣。」（《左傳》昭公二十五年）季氏自季文子、季武子、季平子三代以來，世為魯宣公、魯成公、魯襄公、魯昭公四代君主執政大臣，使魯君大權旁落，政在大夫。

這一狀況至魯定公時更為嚴重。當時季桓子執政，作威作福，專權擅祿。孔子驚呼：「祿之去（離）公室五世矣，政逮於大夫四世矣，故夫三桓之子孫微矣。」（《論語·季氏》）

---

[03]　三桓：孟孫氏、叔孫氏、季孫氏。三家是魯桓公的後裔，故稱三桓。

後來，「三桓」的家臣強大起來，又取「三桓」而代之，出現「陪臣執國命」的現象，這更是孔子不能容忍的現象。他認為：「天下有道，則禮樂征伐自天子出；天下無道，則禮樂征伐自諸侯出。自諸侯出，蓋十世希（稀）不失矣；自大夫出，五世希不失矣;陪臣執國命，三世希不失矣。天下有道，則政不在大夫。」（《論語．季氏》）天子，即周王，是天下共主，具有頒定禮樂、決定征伐的絕對權威。諸侯，是周天子所封的以拱衛周王室為職志的地方國家；大夫，是諸侯的臣子，是諸侯的枝輔和附屬；陪臣是大夫的家臣，是大夫的管家。天子號令諸侯，諸侯統帥大夫，大夫支使陪臣，在孔子看來，這是天經地義的事情，照這個順序運轉，社會就有秩序，就能重致西周的太平盛世，這就是「天下有道」；不照這個順序運轉，社會就會出現混亂，天下就永無寧日，這就是「天下無道」。

「學而優則仕。」孔子並不反對出仕，但他出仕的目的是復興周禮，即維護周禮的等級秩序，合乎這個秩序的他就贊成、參與，不合乎這個秩序他就反對、迴避。他為自己規定的出仕原則是：「天下有道則見，無道則隱。邦有道，貧且賤焉，恥也；邦無道，富且貴焉，恥也。」（《論語．泰伯》）面對這個「無道」的現實，孔子自然不會委屈求全、同流合汙。他情願做個隱君子，優遊涵泳，頤養性情：「隱居以求其志，行義以達其道。」（《論語．季氏》）孔子弟子子路也說：「君子之仕也，行其義也。」當官是為了「行義」，當官若不能「行義」，當然就可以「卷而懷之」了。

在五十歲以前，孔子或埋首書齋，以藝文為事；或遊山玩水，弄沂水之清波；或絲竹管弦，樂育天下之英才，砥礪一己之德行。在他三十五歲時，魯國發生了以「鬥雞」為導火線的政治危機，這件事對孔子觸動很大。魯昭公二十五年，季平子與郈昭伯鬥雞，「季氏介（戴甲胄）其雞，郈氏為之金距（配金爪子）」，季氏怒，侵郈氏，昭公助郈氏，結果昭公被季氏打敗，逃奔齊國，季氏完全接管了魯國大權。魯昭公被逐出魯國，魯國墜入季氏獨攬大權的糟糕境地。在這以前，孔子還對季孫氏寄予厚望，希望透過影響季氏來實行周禮，他出任季氏「委吏」和「乘田」之職，就是這個目的[04]。可是季孫氏不但未被感化，反而變本加厲，越來越不像話，孔子忍無可忍，亦出走齊國，隨君「遠播」去了。

在齊國，孔子馬上引起齊景公的興趣，齊景公問政於孔子，孔子提出了「君君、臣臣、父父、子子」的「正名」主張，要求人們自覺、自律，克己復禮，各守名分，重振秩序，使社會重新回到既定的軌道「周禮」上來。從孔子的「正名」思想可以看出，此時的孔子，在熟悉「六藝」知識和禮樂技能的基礎上，進而形成了「仁、義、禮」三位一體的系統思想。

---

[04]　《呂氏春秋·舉難》：「季孫氏劫公家，孔子欲諭術則見外，於是受養而便說，魯國以訾。」這裡揭示了孔子在季氏家任職的原因，但這條記載一直被人忽略，今特標出。

在他看來，「周禮」是整治當時混亂的政治秩序和倫理關係的理想圖式，他說：「如用我，其為東周乎！」（《史記·孔子世家》）但是，光有周禮這個外在的強制力量還不夠，還需要人的道德自律和人格覺醒，於是，「仁」和「義」就成了實行「周禮」的先決條件和精神準則。他說：「人而不仁，如禮何？人而不仁，如樂何？」（《論語·八佾》）可見仁是行禮、興樂的前提條件。又說：「君子義以為質，禮以行之。」（《論語·衛靈公》）可見義又是禮的實質內容。禮即周禮，是維護社會秩序的各種規定；仁即愛心，是人與人之間的友愛情感；義即原則，表現為尊尊貴貴的等級原則。「仁、義、禮」的結合正是孔子治理社會的系統工程。

由於社會禮壞樂崩，人欲橫流，天下滔滔，君不君，臣不臣，父不父，子不子，社會從政治生活到倫理生活，都缺乏秩序，都沒有規矩，故需要禮來重加調整；上篡下僭，名分蕩然，倫理掃地，故需要義來加以區別；以強淩弱，以眾暴寡，人間被投入弱肉強食的罪惡深淵，故需要仁來實現親和。「君君、臣臣、父父、子子」，正是孔子「正名」思想的具體說明，也是「禮義」思想的核心內容，這對於在春秋亂世中建立等級和諧的社會秩序，可謂病對藥投，因而得到齊景公的大力讚賞。《論語·顏淵》記載，「齊景公問政於孔子，孔子對曰：『君君、臣臣、父父、子子。』公曰：『善哉！信如君不君，臣不臣，父不父，子不子，雖有粟，吾得而食諸？』」《史記集解》引孔安國曰：「當此之時，陳恆制齊，君不君，臣不臣，故以此對也。」君臣名分不清，秩序混亂，關係顛倒，職權不明，不僅魯國如此，齊國尤甚。孔子以「正名」相對，正合齊景公下懷。齊景公當下準備將「尼溪之田」封給孔子，但因晏嬰反對未果。不過，齊景公還是以魯國叔孫氏的地位（「以季孟之間處之」）來對待孔子，孔子在齊國獲得了大夫級別的禮遇。

孔子在齊國得到齊景公的知遇，不為無幸。但孔子在齊國最終並沒得到重用，齊景公未能實行孔子的主張，孔子見道義不行，遂從齊國回到魯國。

那時魯國的政局更加衰敗。魯昭公流亡國外七年，後死於晉國乾侯，魯定公立。定公立五年，季平子死，季桓子執政，季氏家臣陽虎（《論語》作「陽貨」）專權。從此，季氏大權旁落，受制於陽虎，魯國的朝政進一步從大夫落入了家臣之手，魯國出現了「陪臣執國命」的敗落景象。孔子無意仕進，「退而修《詩》、《書》、《禮》、《樂》」，傳道授徒，於是「弟子彌眾，至自遠方，莫不受業焉」（《史記·孔子世家》）。在孔子的學生中，除了魯國人，還有齊人、衛人、秦人、楚人、吳人。孔子的私人學宮，真稱得上是沒有國界的學府。同時，孔子「依於仁，遊於藝」，繼續修練德行，繼續陶冶性情，繼續建構自己的理論體系。弟子盈門，禮樂蔚然，詩書之誦朗朗，管弦之聲不絕……在這安閒樂易的生活中，孔子怡然自得地度過了四十歲、五十歲，實現了「四十而不惑，五十而知天命」的兩大思想飛躍。

「不惑」：指思想方法而言，即有智慧，不偏執。《論語·子罕》載，「子曰：『知（智）者不惑，仁者不憂，勇者不懼』」。智、仁、勇為三達德。智即在六藝知識和技能基礎上形成的智慧。它表現在待人接物上的靈活性和適中性。《論語·顏淵》載，「子張問崇德、辨惑。子曰：『主忠信，徙義，崇德也；愛之欲其生，惡之欲其死；既欲其生，又欲其死，是惑也』」。又「樊遲遊於舞雩臺之下，曰：『敢問崇德、脩慝、辨惑。』子曰:『善哉問！先事後得，非崇德與？攻其惡，無攻人之惡，非修慝與？一朝之忿，忘其身以及其親，非惑與？』」兩處對「惑」的解釋，都是偏激，可見「不惑」即其反面，是有智慧，不偏激，在方法論上即是「中庸」。

「知天命」：《孟子·萬章上》：「莫之為而為者，天也；莫之致而至者，命也。」天命即客觀的規律性和必然性。天命又稱「天道」。「命」還有「使命」的意義，《說文》：「命，使也，言天使己如此也。」故「天命」又有客觀規律賦予人之使命之意。孔子說：「不知命，無以為君子。」（《論語·堯曰》）即為此義。劉寶楠《論語正義》曰：「命者，立於己而受之於天」，「是故知有仁義禮智之道，奉而行之，此君子之知天命也。知己有得於仁義禮智之道，因而推而行之，此聖人之知天命也」。故「天命」兼自然規律、必然性和天賦使命雙重含義。

具有博大智慧、處事適度等特徵，這是孔子四十歲完成的認知過程；知道規律，體察天命，並且油然而生替天行道的使命感，這是孔子五十歲完成的認知飛躍。如果說孔子三十歲以前基本還只是個博學之士的話，那麼至此，孔子已從一個「博學」的學者，進而對世道、人心以及客觀規律有了深刻的體認，進入一代哲人、一代偉人的哲人境界了。

第三節　五十而知天命

進入「知命」之年，孔子在了解「天道」的同時，敏銳地感覺到「天道」賦予人的使命——即「天命」。他自詡：「天生德於予。」（《論語・述而》）天賦自己繼承「斯文」、傳遞禮樂、救世救蒼生的使命。他認為：「天之將喪斯文也，後死者（自指）不得與於斯文也。」（《論語・子罕》）「斯文」指周禮，如果上天想毀滅「斯文」（周禮），就不應讓他知道「斯文」，並且油然而生弘揚之感；既然上天讓他懂得「斯文」（周禮），那一定就是要他去復興「斯文」、推行「周禮」。

一種強烈的使命感，讓孔子覺得再也不能繼續隱居了，他要積極入世，親身參政，重振秩序。於是在他五十歲那年，季孫氏的家臣公山不狃（一作「公山弗擾」）以費邑反叛季氏，使人召請孔子，孔子欲利用這一機會重建周公之業，竟然顧不得公山氏的「叛臣」之嫌，有些躍躍欲試了。《史記・

孔子世家》記載，「公山不狃以費畔季氏，使人召孔子。孔子循道彌久，溫溫無所試，莫能己用。曰：『蓋周文武起於豐、鎬而王，今費雖小，倘庶幾乎？』欲往。子路不說（悅），止孔子。孔子曰：『夫召我者豈徒哉？如用我，其為東周乎！』」卒不往。這次出仕機會因數路反對而錯過了。

但是不久，孔子這種急欲一試身手的願望終於實現了。就在公山不狃召行而未果的當年 —— 魯定公九年，定公委孔子為中都（縣邑）宰。孔子獲得了試政的機會，他小試牛刀，僅做了一年，便收到政通人和，「四方皆則之」（《史記·孔子世家》）的效果。

孔子於是由中都宰升任司空（管魯國土木工程），繼而又自司空升任大司寇，負責魯國司法工作。從此，孔子獲得用武之地，一展雄才，不久便使魯國政通人和，他也因此名聲遠播。魯定公十年春，齊、魯相會於夾谷，孔子相禮，當時齊人欲以武力挾持魯公，孔子大義凜然，義正詞嚴地挫敗了齊人的陰謀，使魯國贏得了國際聲望，還收復了被齊人侵占的「鄆、汶陽、龜陰之田」。

魯定公十三年，孔子整頓內政，抑制「三桓」力量，扶公室、挫大夫，成功地隳毀了叔孫氏的郈邑、季孫氏的費邑，還懲辦了挑動叛亂的費人，表現出大智大勇的聖人品性。

魯定公十四年，五十六歲的孔子進而位至「攝相」（代理宰相），代替季桓子執掌朝政，號稱「聖相」，成為一人之下，萬人之上的實權人物。在「大司寇攝行相事」的位子上，孔子進行了一系列興教化、正風俗的工作。相傳他與聞國政三月，鬻羔、豚者不虛報價格；男女行者別於途；四方來客不必求於有司，人們自覺接待，做到了賓至如歸；盜賊、淫泆之人，則遠逃他鄉，不敢在魯國為非。魯國的禮樂蒸蒸，蔚成風化。

可是，齊國的一個詭計，結束了孔子卓有成效的從政生涯。原來，齊人見孔子為政有成，害怕魯國強大稱霸，將會危及齊國，於是使出離間計和美人計，離間孔子與魯公、季孫氏的關係。齊人以美女八十人、文馬三十乘送給魯國，魯定公和季桓子受之，甘焉耽焉，樂之不倦，三日不理朝政。郊祭又不將祭肉送給大夫，公然蔑視禮法，忘記孔子的存在。孔子非常失望及氣憤，不待脫冠辭職，便趨駕離開了魯國。

第四節　周遊列國

春風習習，楊柳依依，這本是個希望的季節，孔子卻不得不離開他方興未艾的事業，開始他顛沛流離的周遊列國的歷程。其時為魯定公十三年 (西元前 497 年)。

為了尋求一個能推行他「仁義」學說的明君，孔子在弟子們的簇擁下，弊馬凋車，行程數千里，歷時十四年，馬不停蹄，席不暇暖。孔子一行先後到過衛、陳、曹、宋、鄭、蔡、楚、匡、蒲、陬鄉（屬衛國）、儀、葉等國家和地區，拜訪過大小封君七十餘人。師徒眾人歷盡艱難，備嘗辛酸。

固然，其間孔子也曾在衛國得到衛靈公的禮遇、在楚國得到楚昭王的賞識，但大多數場合卻是備遭冷遇，行跡落拓，有時處境甚至非常危險：他曾畏於匡、圍於蒲，不容於曹，被逼於宋，見困於陳、蔡，七日絕糧……

他曾被暴徒圍困，曾被亂臣威脅，也曾被隱者譏笑；「荷蓧丈人」罵他「四體不勤，五穀不分」（《論語．微子》），長沮、桀溺拒絕為他指路，鄭人譏他為「喪家之狗」（《史記．孔子世家》）；連從行弟子也怨聲連連（《論語．衛靈公》），或勸他謀取職業；或懷疑他德業未精，不被世人認可……

但是，孔子巍然不為所動，他以堅強的信念、頑強的毅力、曠達的人生態度，漠視這一切困難，堅持追求自己的人生理想，從不放棄自己的政治抱負，為實現有人性的、和諧的「周禮」社會而四處奔波，上下求索。每當艱難危險之時，他都堅信正義會戰勝邪惡，文明會取代野蠻。儘管世路坎坷、舉步維艱，但他始終堅持宣傳道義、傳道授業。

《史記．孔子世家》說：「（陳蔡人）相與發徒役圍孔子於野，不得行，絕糧。從者病，莫能興，孔子講誦弦歌不衰。」《莊子．秋水》：「孔子遊於匡，衛人圍之數匝，而弦歌不輟。」這正是他老當益壯、窮且益堅人格的真實寫照。

他曾自詡：「其為人也，發憤忘食，樂以忘憂，不知老之將至云爾。」（《論語．述而》）對照現實中的他，真是一點也不誇張。這種百折不撓、知難而進的精神，尤其是「知其不可而為之」（《論語．憲問》）的偉大品格，永遠激勵著人們為了理想去追求和獻身，也永遠值得人們景仰和稱頌。

第五節　至聖．先師

逝水難復，流光不住。在這種顛沛流離的生活中，孔子已度過六十花甲，接近於「古稀」之年了。背井離鄉，老而思歸。在「干七十餘君，莫能用」的殘酷現實面前，失望的孔子不得不常常興「歸與！歸與！」之嘆了。

魯哀公十一年（西元前484年），六十八歲的孔子終於回到了父母之邦魯國。壯年而往，皓首而歸，朱顏銷盡，卻一事無成。「昔我往矣，楊柳依依。今我來思，雨雪霏霏。」（《詩經．小雅．採薇》）豈持楊柳，更是皤皤白髮，垂垂老矣！念及這些，孔子怎能不頓生惆悵和淒涼之情呢？

於是，他將滿腔憂患寄託在讀書遊藝、經典闡釋、體系建構之中。他「晚而喜《易》……讀《易》，韋編三絕」，「自衛反魯，然後樂正，〈雅〉、〈頌〉各得其所」（《史記．孔子世家》）。

對現實中那群「朽木不可雕也」的「斗筲小人」，他徹底失望了，於是，將希望寄託於青年和未來。

回到魯國後，他再登杏壇，廣招門徒，欲透過授徒的方式，將自己的政治理想傳播開來，使自己的事業得以延續。

孔子還整理文獻，託古見志，於是進一步刪定「六經」。特別是撰寫《春秋》，將自己的政治理想寄託於這部魯國的「近代史」和「現代史」中。《史記》記載其事說，「子曰：弗乎弗乎，君子病沒世而名不稱焉。吾道不行矣，吾何以自見於後世哉？』乃因史記作《春秋》，上至隱公，下訖哀公十四年，十二公」。《春秋》是魯國史書，但其間有孔子的筆削加工，摻入了濃厚的仁義德治、褒善貶惡思想，實際是一部以孔子思想為指導的政治理論著作。

授徒三千、修訂「六經」，這是孔子最傑出的文化成就，也是其影響後世的聖人之業。做完這些工作，孔子也就無憾地離開了這個世界，其時為魯哀公十六年（西元前 479 年）四月己丑，終年七十三歲。

孔子的一生是平凡的一生，他出生平民，歷經艱辛，少而好學，長而執教，終成聖師。

他雖然曾經步入仕途，位至卿相，但與世卿們相比，他的政治生涯真是流星閃現，轉瞬即逝。

孔子的一生又是偉大的一生，他苦學成才，見識卓著，為救世救民，輾轉奔波，席不暇暖。

他百折不撓、以天下為己任的忘我精神，被當時人讚為替天行道之「木鐸」(《論語．八佾》)。

他高風亮節，知識淵博，道德人格更令人折服不已。

他一生執教，弟子三千，形成了當時影響深遠的「儒家」學派；修訂「六經」，託古寄意，成為後世研之不窮的聖經寶典。

尤其是他宏大的思想體系、深邃的人生哲理，更成了後儒演繹不盡、受益無窮的精神泉源……顏回曰：「仰之彌高，鑽之彌堅。瞻之在前，忽焉在後。夫子循循然善誘人，博我以文，約我以禮，欲罷不能。既竭吾才，如有所立，卓爾，雖欲從之，末由也已！」(《論語．子罕》)

孔子的品格高如南山，孔子的智慧博大無邊，凡是讀孔氏書，想見其為人的人，無不如沐春風，如對良師，身心受益，神清氣爽，也無不被其感召而由衷折服。

第二章　仁：人格的自覺

「仁、義、禮」的統一，是孔子思想的主要內容，也是其思想的主要特色。「仁、義、禮」緊密結合，牢不可分。「仁」離不開「義」，「義」離不開「仁」，「仁」和「義」的貫徹，又離不開「禮」。「仁」是一種慈愛精神，推行慈愛必須以「義」為前提；「義」是一種適度原則，保持這種原則必須具有仁慈的精神。而「禮」就是仁慈精神和適度原則的具體規定。其中關係，唇齒相依，缺一不可。那麼，什麼是「仁」呢？

「仁」字在《論語》中出現的頻率很高，孔門弟子向孔子請教「仁」的次數也最多，但是孔子每次的解答都不一樣。據統計，僅《論語》書中孔子回答弟子問「仁」，就有約二十八種釋義：孝、悌、忠、恕、恭、寬、信、敏、惠、剛、毅、木、訥、訒、愛人、立人、達人、好人、惡人、博施、濟眾、有勇、無怨、不憂、不佞、克己復禮、先難後獲、殺身等。

孔子關於「仁」的解義，幾乎包括了人間的一切美德，因此有人將「仁」定義為全德，將以上各項列為仁德的子目。

其實，在這眾多的義項中，有核心性的解釋，也有具體針對性的解釋。這與孔子的思想方法和教學原則有關。孔子教育學生，講究「因材施教」，弟子向他請教同一個問題，他往往根據其人之短長優劣，做出不同的解釋，並施以不同的勸告。如「子路問：『聞斯（之）行諸（之乎）？』子曰：『有父兄在，如之何其聞斯行之？』冉有問：『聞斯行諸？』子曰：『聞斯行諸。』」公西華感到不解，孔子說：「求（冉有）也退，故進之；由（子路）也兼人，故退之。」（《論語．先進》）他回答弟子問孝，也是如此處理。「孟懿子問孝，子曰：『無違。』」（《論語．為政》）「孟武伯問孝，子曰：『父母唯其疾之憂。』」（《論語．為政》）「子游問孝，子曰：『今之孝者，是謂能養，至於犬馬，皆能有養，不敬，何以別乎？』」（《論語．為政》）「子夏問孝，子曰：『色難。』」（《論語．為政》）四個弟子問孝，孔子有四種解答，當然不能說他自相矛盾，更不能將四種回答加在一處講等於「孝」的全部內容。對國君問政，孔子也是針對具體情況而答之：葉公子高問政，孔子答曰：「政在說（悅）近而來遠。」魯哀公問政，孔子答曰：「政在選賢。」齊景公問政，孔子或答以「政在節財」，或答以「君君、臣臣、父父、子子」，等等。究其原因，都是就其國之時弊和當務之急而言之的。可見孔子的思想方法是具體問題具體分析，因人、因時、因地做出相應的解釋。對於孔子言論的理解，不能膠執於某一次言論而不顧其他解釋，也不能將所有解釋加起來作為問題的全部答案。前一種解釋有以偏概全之弊，後一種解釋則失之於雜而不純。孔子對許多問題的論述，雖然具體解釋不同，但都有一個基本的立足點，有個一以貫之的基本精神。他答子路、冉有問「聞斯行諸」，其基本精神在於「適度」；他答四弟子問孝，基本精神在於「愛敬」；答三君問政，基本精神在於「趨時」。以此類推，孔子論仁，也應該有其一以貫之的基本精神。善於透過其具體論述而提煉之，則仁的內涵就不難知道了。

第一節　仁的釋義

仁的哲學基礎是人性，仁德即是人性的充分發育和擴充，是人了解自己本性和履行人之為人義務的人格自覺。《禮記．中庸》引孔子說：「仁者人也。」《孟子．盡心下》說：「仁也者人也。」表明仁是關於人的問題，是人的特質問題。這種特質使人成其為人，使人與動物區別開來。這是人作為人類存在的自覺意識，也是當時社會重視人的歷史實際在思想意識上的集中反映。孔子的仁學就是建立在對人的重視和人性自覺的基礎之上的。它包括兩個方面。一是人具有人的本性（或本能），即告子所謂「食色性也」（《孟子．告子上》）。表明人生來具有求得生存（食）和族類繁衍（色）的本能需求和權利，這是人的自然屬性。孔子「庶（繁衍）之、富（生存）之、教（教育）之」（《論語．子路》）的施政主張，正好體現了對這一人類基本屬性的高度重視。人是萬類的精靈，是萬物之長，天地之間人為貴。在實際生活中，孔子對人十分重視。孔子做大司寇時，馬廄失火，他退朝，首先問「『傷人乎？』不問馬」（《論語．鄉黨》），更不問財產的損失；有人用木偶人（俑）殉葬，孔子認為這是對人類的蔑視，憤而詛咒說：「始作俑者，其無後乎！」（《孟子．梁惠王上》）這是對生命的珍惜，對人性的愛護。二是指人具有人的特質，這是人區別於其他動物的屬性，亦即人的社會屬性。儒家認為，這種屬性即是對「仁義」或「禮義」等道德規範的自覺和認同。《孟子．離婁下》說：「人之所以異於禽獸者幾希（稀），庶民去之，君子存之。舜明於庶物，察於人倫，由仁義行。」「由仁義行」即是人理解了自己與動物的區別後，為保持人類高尚特徵而做出的自我約束，這是人特有的本質，是人之為人的根本保證。《荀子．王制》亦曰：「水火有氣而無生，草木有生而無知，禽獸有知而無義。人有氣，有生，有知，亦且有義，故最為天下貴也。」人之所以為貴，不在於他有氣、有生、有知，這些屬性在其他事物中也部分存在。人之為人的可貴之處在於既擁有事物的共性，也還具有其他事物所沒有的特性，也就是「有義」。人與水火、草木、禽獸具有共性，即有氣、有生、有知；但更具有獨特的特性，即有義。在儒家看來，正是這個獨特的特性（義），使人與水火、草木、禽獸諸物區別開來。孟子所說的「仁義」、荀子所說的「義」，是人與人之間和諧相處的行動規範，亦即人特有的社會性。

基於對人的自然屬性的認知與重視，「仁」要求每個人將他人也當成人看待，肯定他人與自己一樣也具有追求生存的本能和謀求幸福的權利。孔子更要求人們主動地熱愛他人、關心他人和成全他人。《韓非子．解老》說：「仁者，謂其中心欣然愛人也。其喜人之有福，而惡人之有禍也；生心之所不能已也，非求其報也。」仁是無私的。《呂氏春秋．舉難》：「君子責人則以人（仁），自責則以義。」董仲舒說：「仁之為言，人（關心他人）也；義（義）之為言，我（自我約束）也。」「仁之法在愛人，不在愛我」，「人不被其愛，雖厚自愛，不予為仁。」（《春秋繁露．仁義法》）仁是利他的。《說文解字》：「仁，親也。從人，從二。」仁又是互相的。無私、利他而又互相的人類之愛，就是「仁」的全部內涵和完整解詁。

基於對人類社會屬性的認知，「仁」又要求人類提高自己的修養，在文明的環境中，過有倫理、有秩序的和諧生活。「仁」就是這樣一種在特定的文明（禮義）背景下，尊重和熱愛人類的道德情操。這種情操只有人類才具備，也只有人類才意識得到和保持得下來。孟子說：「仁者人心也。」（《孟子．告子上》）這種感情也只有施於人類才是合理的，故《呂氏春秋．愛類》說：「仁於他物，不仁於人，不得為仁；不仁於他物，獨仁於人，猶若為仁。仁也者，仁乎其類也。」可見，仁即人類之愛，即熱愛人類，仁就是愛類意識。因此，在孔子回答眾弟子問仁的這些言論中，應以「樊遲問仁，子曰『愛人』」（《論語·顏淵》）作為仁的確詁。其餘諸項，有的是仁者（仁德之人）的品德修養，有的是仁德（即愛人）的內容及其在處理不同社會關係時的表現形式，有的則是推行仁德的具體方法和途徑……而「仁」的特質則是「愛人」。

第二節　仁者面面觀

這裡，我們試將孔子論仁提到的諸美德分別加以詮釋。

一、「剛、毅、木、訥」與「訒、不佞」

孔子曰：「剛、毅、木、訥近仁。」（《論語·子路》）王弼注：「剛，無欲；毅，果敢；木，質樸；訥，遲鈍。」他們的綜合效應近於仁德。剛即不屈不撓，是孟子所謂「富貴不能淫，貧賤不能移，威武不能屈」的「大丈夫」所具有的品德。剛者無私無欲，無欲則剛，有欲則有私，有私則不得為剛。《論語·公冶長》記，「子曰：『吾未見剛者。』或對曰：『申棖。』子曰：『棖也欲，焉得剛？』」劉宗周有這樣一段話，頗能加深對「無欲則剛」的理解：「人心如穀種，滿腔都是生意，物欲錮之而滯矣，然而生意未嘗不在也，疏之而已耳」。人心又「如明鏡，全體渾是光明，習染熏之而暗矣，然而明體未嘗不存也，拭之而已耳」。有道是「一動於欲，欲迷則昏；一任乎氣，氣偏則戾」，「無欲之謂聖，寡欲之謂賢，多欲之謂凡，徇欲之謂狂」，「人之心胸，多欲則窄，寡欲則寬；人之心境，多欲則忙，寡欲則閒；人之心術，多欲則險，寡欲則平；人之心事，多欲則憂，寡欲則樂；人之心氣，多欲則餒，寡欲則剛。」（《格言連璧‧存養》）

毅為果敢，即「見義勇為」，具有「當仁不讓於師」（《論語‧衛靈公》）、敢作敢為的精神，《禮記‧中庸》說「力行近乎仁」即此義。木即質樸無華，注重實際。訥，本義是語言遲鈍，此指「敏於事而慎於言」的「慎於言」，也即「不佞」。

「慎於言」，亦即「仁者其言也訒」。司馬牛多言又急躁，問仁於孔子，孔子曰：「仁者，其言也訒。」又說：「為之難，言之得無訒乎？」（《論語‧顏淵》）訒，即忍於言，說話謹慎，因為「多言必多失，多事必多敗」，「訒」正是寡言少失的理想方法。必有容，其德乃大；必有忍，其事乃濟。

「不佞」即不巧言令色。孔子說：「巧言令色，鮮矣仁。」（《論語‧學而》）反之，不巧言令色就近於仁了。又說：「巧言、令色、足恭，左丘明恥之，丘亦恥之。」（《論語‧公冶長》）可見，不佞，即不虛偽。另外，不佞還有不以口辯勝人之意。《論語‧公冶長》又說，「或曰：『雍（冉雍）也仁而不佞。』子曰：『焉用佞？禦（制服）人以口給，屢憎於人。不知其仁，焉用佞？』」這裡的「佞」即巧言善辯。

「剛、毅、木、訥近仁」，意即一個人只要具有堅韌不拔、不屈不撓的精神（剛），見義勇為，身體力行（毅），注重實際（木），不巧言令色，不虛偽浮誇（訥），他距離仁德便不遠（近仁）了。

二、「恭、寬、信、敏、惠」

《論語·陽貨》曰：

子張問仁於孔子，孔子曰：「能行五者於天下，為仁矣。」請問之。曰：「恭、寬、信、敏、惠。恭則不侮，寬則得眾，信則人任焉，敏則有功，惠則足以使人。」

這裡的「仁」即行仁政。《論語·堯曰》亦有類似的記載：「寬則得眾，信則民任焉，敏則有功，公則說（悅）。」恭，即恭敬，敬心生於內為恭，發於外曰敬（見《漢書·五行志》）。有子說：「恭近於禮，遠恥辱也。」（《論語·學而》）待人以敬，人亦以敬待之，故曰「不侮」，因而恭敬是仁者的一大美德。「仲弓問仁，子曰：『出門如見大賓，使人如承大祭。』」可以做到「在邦無怨，在家無怨」（《論語·顏淵》）。「樊遲問仁，子曰：『居處恭，執事敬，與人忠，雖之夷狄，不可棄也。』」（《論語·子路》）可見，恭敬是仁人立身處世的先決條件。

寬，即寬厚，寬大為懷，寬以待人。眾生賢愚，才智不齊，君子處之，不求其備。水至清無魚，人至察無徒，故仁德之中，修之以寬。寬大致分兩類。一是平級之間的寬厚，即「躬自厚而薄責於人，則遠怨矣」(《論語．衛靈公》)，「君子求諸己，小人求諸人」(《論語．衛靈公》)，「人不知而不慍」，「不患人之不己知，患不知人也」(《論語．學而》)，甚至「不念舊惡」，寬恕他人(《論語．公冶長》)。二是上對下的寬大，即「先有司，赦小過」(《論語．子路》)，執事官身先士卒，做出表率；而對下屬的小小過失，要赦而勿究。

信，即講信用。有子說：「信近於義，言可復(踐履)也。」(《論語．學而》)古者民風質樸，言而必行，故造文者以「人言為信」。信亦大致包括兩方面。一是朋友之間，一諾千金，言必有信。子夏曰：「與朋友交，言而有信。」曾子曰：「吾日三省吾身。為人謀而不忠乎？與朋友交而不信乎？傳不習乎？」(《論語．學而》)皆此意。子路就非常信守諾言，《論語．顏淵》載「子路無宿諾」。信還是一個人推銷自己、事業有成的保證之一。如果一個人沒有信用，反覆無常，就寸步難行。孔子說：「人而無信，不知其可也。大車(牛車)無輗(ㄋㄧˊ)，小車(馬車)無軏(ㄩㄝˋ)，其何以行之哉！」(《論語．為政》)輗和軏都是車轅橫木上發揮固定作用的木釘，沒有它們，車輪就會脫落，無法行駛。人如果沒有信用、言行沒有約束，也是行不通的。因此，當子張問「行」(即如何推銷自己)時，孔子說：「言忠信，行篤敬，雖蠻貊之邦，行矣。言不忠信，行不篤敬，雖州里，行乎哉？」(《論語．衛靈公》)言而有信、行為篤敬，是使自己暢通無阻的雙輪。無怪乎孔子要反覆強調「主忠信」了。信的另一個方面，是上級對下級、官府對民眾的信譽。孔子說：「道千乘之國，敬事而信，節用而愛人，使民以時。」（《論語．學而》）即指此。信用是令行禁止的重要保證。子夏說：「君子信而後勞其民，未信，則以為厲（危害）己也。信而後諫，未信，則以為謗己也。」（《論語．子張》）只有當人民信任政府時，政府才能驅使他們，否則人民會視勞役為災難，這是對孔子「信則人（民）任焉」的正確理解。商鞅變法，為了先行取信於民，樹立恩信，便導演了一場「徙木」的遊戲。他在南門樹立一段木頭，下令說，誰要是將木頭從南門移到北門，賞十金。開始人們根本不信，沒人去移。待賞金加到五十金時，有人大著膽子將木頭移了，商鞅果然給了那人五十金，從而樹立起商鞅新法言而有信的形象，結果法令大行，秦國以治。同理，君臣之間也存在信任問題。如果君有疑心，再好的進諫也會誤以為是誹謗，不僅達不到預期效果，有時反而會招來無妄之災。西漢初年，蕭何曾向劉邦請求將皇家園囿上林苑的土地分給平民耕種，卻被劉邦投進監獄，原因為何？因劉邦疑心他久居關中，用此收買人心。蘇軾因直言而被貶，海瑞因剛正而罷官，其原因為何？君臣之間沒有親和信任關係，恐怕是重要原因。孔子將信看得特別重要，視為立國之本。當子貢問政，他說：「足食、足兵、民信之矣。」子貢說：「必不得已而去，於斯三者何先？」孔子說：「去兵。」子貢又問：「必不得已而去，於斯二者何先？」孔子說：「去食。自古皆有死，民無信不立。」（《論語．顏淵》）糧食、武備、信譽是立國的三大支柱。古語說：「國之大事，在祀與戎」，武備是安全的保證，因而是國家的大事之一。又說，「民以食為天」，糧食是立國、聚民之本，故為三者所必需。但與信譽相比，孔子認為都可退居次要地位，唯獨對人民的信譽不可或缺。沒有信譽，失掉民心，則江山不保，國將不國。相反，如果有信譽，得民心，沒有糧食可以有糧食，沒有武備可以有武備，信譽和民心是長治久安的根本。古語說：「民猶水也，水能載舟，亦能覆舟。」這是何等平凡的道理啊！

敏，即敏捷。思維敏捷，反應迅速。敏又有審的意思，審時度勢，迅速做出相應的決策，敏捷採取行動，有所建樹。古人認為：「度功而行，仁也。」（《左傳》昭公二十年）故孔子將「敏而有功」列為仁者的修養之一。

惠，即恩惠、實惠。《尚書．皋陶謨》說：「安民則惠，黎民懷之。」人民懷之故樂為所使，所以「惠則足以使人」。惠即利民，孔子認為善於惠民的人自己並不破費：「君子惠而不費」，其方法是「因民之所利而利之」（《論語．堯曰》）。古以「利國之謂仁」（《國語．晉語》），「與民利者仁也」（《逸周書．本典》）。因此，孔子亦以「惠」為仁德、仁政之一。

三、「有勇」、「無憂」

仁者的特質還表現為「有勇」和「無憂」。孔子說：「仁者必有勇，勇者不必有仁。」（《論語·憲問》）又說：「智者不惑，仁者不憂，勇者不懼。」（《論語·子罕》）何以不憂？孔子解釋說：「內省不疚，夫何憂何懼？」（《論語·顏淵》）仁者善於自制，無咎無過。俗話說：「為人不做虧心事，半夜敲門心不驚。」仁者內省不疚，因此無憂無懼。

以上所釋，都是仁者的修養，是仁德的表現形式，不能以其一點概其全面。

第三節　仁者的情意——忠恕

仁的特質是「愛人」，愛人的基本方法即是「忠恕」。

孔子曾經說：「吾道一以貫之」，曾子解釋說：「夫子之道，忠恕而已矣。」（《論語·里仁》）「忠恕」又怎麼講呢？《論語·衛靈公》載，「子貢問曰：『有一言而可以終身行之者乎？』子曰：『其恕乎？己所不欲，勿施於人』」。《論語·顏淵》仲弓問仁，子曰：「己所不欲，勿施於人。」可見，仁德之中有「恕」，而恕的內容即「己所不欲，勿施於人」。子貢問仁，孔子曰：「夫仁者，己欲立而立人，己欲達而達人。能近取譬，可謂仁之方也已。」（《論語·雍也》）仁德具有「立人」、「達人」的特質，亦即「忠恕」的「忠」。「忠恕」的情感貫穿於仁德之中，「忠恕」即是「仁者」實行「愛人」主張的基本方法。

「仁」的精神實質是「愛人」，怎樣才能產生如此利他的情感呢？孔子為行仁指出了一條簡便易行的途徑，即「忠恕」。忠恕的思想方法是「由近取譬，推己及人」。設身處地、將心比心，表現出對自己的高度自律和對他人的充分體諒。

「忠」是主動的，是「己欲立而立人，己欲達而達人」。立，即立身於社會，有所建樹，掌握一定知識和技能，成為有益於社會並為社會所接受的人。達，即通達，遂願，指實現理想、事業有所成就。子張問：「士何如斯可謂之達矣？」孔子說：「夫達也者，質直而好義，察言而觀色，慮以下人。在邦必達，在家必達。」（《論語．顏淵》）由此可見，達是指正直好義之人，採用恰當手段在家裡、在社會上行事順利，取得成功的過程。仁者推己及人，希望自己成為有用之才，能立足社會，也幫助他人成為有用之才而立足社會；希望自己事業有成，也幫助他人事業有成。自己希望得到的，也幫助他人得到，公平無私，利己亦利人。正如《說苑．雜言》所載，「孔子曰：『夫富而能富人，欲貧而不可得也；貴而能貴人者，欲賤而不可得也；達而能達人者，欲窮而不可得也』」。我為人人，人人為我。主觀為他人，客觀為自己。孔子本人就是一位能成人之美，己立又能立人，己達又能達人的仁者。他一生「誨人不倦」，就像一支明亮的蠟燭，驅散了黑暗，照亮了人心。他將自己的知識毫無保留地傳授給學生，獎善而矜不能，殷殷教誨，不遺餘力。《論語·述而》載，「子日：『二三子以我為隱乎？吾無隱乎爾。吾無行而不與二三子者，是丘也』」。他對及門學生、親生兒子，都一視同仁，從不厚此薄彼，以內外分親疏。《論語·季氏》載，「陳亢問於伯魚日：『子亦有異聞乎？』對日：『未也。嘗獨立，鯉趨而過庭。日：「學詩乎？」對日：「未也。」「不學詩，無以言。」鯉退而學詩。他日，又獨立，鯉趨而過庭。日：「學禮乎？」對日：「未也。」「不學禮，無以立。」鯉退而學禮。聞斯二者。』陳亢退而喜日：『問一而得三：聞詩、聞禮，又聞君子之遠（不偏愛）其子也』」。孔鯉是孔子的親生兒子，孔子教導他應學詩學禮。《史記》說孔子「以詩書禮樂教」，詩禮也是其教育弟子的普通教材，可見他對自己兒子並無偏心，充分表現了仁者「立人」、「達人」坦蕩無私的崇高品德。

「恕」是從被動意義上說的，即「己所不欲，勿施於人」。這大致有兩層含義。第一層是嚴於律己，以身作則，寬以待人。孔子常常以這一原則反省自己，他認為凡要求對方要具備的品性，自己首先應該做到。自己做到了、做好了，再去要求對方，而不是對他人高標準，對自己低要求。在孝、悌、忠、信諸修養方面，孔子堪稱士林之表，但他常常反省自己：要求臣子應忠心事君，自己有沒有做到？要求兒子以孝道來事親，自己有沒有做到？要求弟弟以悌道來事兄，自己有沒有做到？要求朋友以信用來施之於朋友，自己有沒有做到？《荀子．法行》亦載有孔子的「三恕」原則，「孔子曰：君子有三恕：有君不能事，有臣而求其使，非恕也；有親不能報，有子而求其孝，非恕也；有兄不能敬，有弟而求其使，非恕也。士明於此三恕，則可以端身矣」。自己的理論、主張，首先自己去踐履它、實施它，這才是仁者處世的正確態度。此即《禮記．大學》所云：「君子有諸己而後求諸人，無諸己而後非諸人。」對自己高標準嚴要求，這是「恕道」的第一義。第二層含義是將心比心，不施虐於人。此即子貢所謂「我不欲人之加諸我也，吾亦欲無加諸人」（《論語．公冶長》）；《中庸》所謂「施諸己而不願，亦勿施於人」。這條原則的哲學基礎是幸福面前人人平等，每個人都有追求幸福的權利和自由，但人們在行使這個自由和權利的時候，又必須以不侵犯他人的權利和自由為前提。

因此，在孔子看來，自由和權利應該是，在保證他人權利不受損害的前提下，去做你適合做的事情。這與近代西方資產階級啟蒙運動「天賦人權」的思想相吻合，因而得到啟蒙思想家的讚賞。伏爾泰奉「己所不欲，勿施於人」為座右銘，《人權宣言》則以「己所不欲，勿施於人」為道德準繩，宣稱：「自由是屬於所有的人做一切不損害他人權利之事的權利；其原則為自然，其規則為正義，其保障為法律，其道德界限則在下述格言之中：『己所不欲，勿施於人！』」從此，「己所不欲，勿施於人」成了法國制定憲法的準則，也成了歐美各國制定憲法的基本原則之一。可見，孔子的忠恕原則道出了人類的共同心聲，尤其是道出了尋求解放的階級和階層的心願，因而在世界範圍內得到遵循和廣泛的回應。

忠恕的原則若貫徹到政治中去，那就是「勝殘去殺」，即「善人為邦百年，亦可以勝殘去殺矣」（《論語．子路》）和孟子「有不忍人之心斯有不忍人之政」；那就是「博施濟眾」，甚而臻於聖人境界：「子貢曰：『如有博施於民，而能濟眾，何如？可謂仁乎？』子曰：『何事於仁？必也聖乎！堯舜其猶病諸。』」（《論語·雍也》）可見，忠恕是一種博大的寬恕之心、慈愛之心、成全之心。其主動的意義可以造就他人、成全他人、造福他人；其被動的意義則有所不為，免於危害於人，是保持社會穩定、秩序、公平、和諧的人類公理。

此外，仁以愛人為本，本著愛人原則，仁者在處理不同社會關係和社會事務時，又具有不同的表現形式。移愛心以事雙親，則是「孝」；移愛心以事兄長，則是「悌」：「孝弟（悌）也者，其為仁之本與？」（《論語．學而》）移忠恕之心以處利害，則是「臨財毋苟得，臨難毋苟免」（《禮記．曲禮上》），是「先難而後得」（《論語．雍也》）。仁德是一切美德的綜合體，仁者是人間真善美的化身。他有高尚的情操、優秀的修養；他以慈愛為懷，待人處世，無不表現出恰當的分寸、充沛的善心；他還有高雅的情趣、優美的儀表，即如孔子所言：「知者樂水，仁者樂山。知者動，仁者靜。知者樂，仁者壽。」（《論語．雍也》）他是非清楚，愛憎分明：「唯仁者能好人，能惡人。」（《論語．里仁》）仁者對於人類來說，只有好處，沒有害處，這對於春秋時期處於患難之中的人民來說，真是勝於日常生活所需的水與火：「民之於仁也，甚於水火。水火，吾見蹈而死者矣，未見蹈仁而死者也。」（《論語．衛靈公》）有一種說法：「深沉厚重是第一等資質，磊落豪雄是第二等資質，聰明才辯是第三等資質。」情商、膽商、智商，情商居第一，強調的也是忠厚的品行、仁者的情懷。

第四節　行仁由己

仁德有益於人類，受人民歡迎，因此，一個君子要想名揚四海，其終南捷徑便是修成仁德，這甚至比人人所欲的富貴還要重要、還要迫切。故孔子號召人們，無論是飲食居處，或是顛沛流離，每時每刻都不要忘記仁德：

> 富與貴，是人之所欲也，不以其道得之，不處也；貧與賤，是人之所惡也，不以其道得之，不去也。君子去仁，惡乎成名？君子無終食之間違仁，造次必於是，顛沛必於是！（《論語．里仁》）

孔子甚至認為，如果求仁與求生產生了矛盾，一個希望美名留世的志士，將毫不猶豫地放棄生命而成全仁德。因為

「人生自古誰無死，留取丹心照汗青」，孔子說：

志士仁人，無求生以害仁，有殺身以成仁！（《論語．衛靈公》）

孟子後來發揮這一思想，形成「殺身成仁，捨生取義」的名言。

仁德是高尚的、完美的，因此，很少有人能達到真正仁的境界。在眾弟子中，孔子只承認顏回「其心三月不違仁，其餘則日月至焉而已矣」（《論語．雍也》）。即使是親密如子路、冉求、公西華等弟子，雖各有特長，孔子也不認為他們具有仁德。《論語．公冶長》記，「孟武伯問：『子路仁乎？』子曰：『不知也。』又問，子曰：『由（子路）也，千乘之國，可使治其賦，不知其仁也。』『求（冉求）也何如？』子曰：『求也，千室之邑，百乘之家，可使為之宰也。』『赤（公西華）也何如？』子曰：『赤也，束帶立於朝，可使與賓客言也，不知其仁也』」。針對孟武伯的提問，孔子認為：子路可以做諸侯國的國防部長，冉求可以做縣長，公西華可以做外交部長，但是都不輕易地許三人為仁。可見孔子對仁德標準的掌握是相當嚴格的。

但是，仁又不是高不可攀、遠不可及的孤峰絕境。孔子說：「人能弘道，非道弘人。」（《論語．衛靈公》）人具有主觀能動性，可以理解道，並使道大行於天下，對仁也是如此。孔子說：「行仁由己，而由人（他人）乎哉？」（《論語·述而》）行不行仁，完全在於自己，並不是別人阻攔得了的，也不是別人代替得了的。又說：「仁遠乎哉？我欲仁，斯仁至矣。」（《論語·述而》）他認為，仁的根苗就在人心之中，並不遠離人類。只要你誠心修仁，仁就會來到你的身邊。仁者之所以鳳毛麟角，是由於人們不願意去克己踐履罷了。根據孟子的解釋，仁德的善端充斥於人世之間，存於人心之中，只要善加修養，善於開發，就不難成為仁者。具體地講，就是將自己希望得到的也推及於他人，將自己不希望遭受的也避免施於他人，這種善行善德，就是仁。關於仁德的修養方法，孔子有下列論述：

首先，是心存仁心，少犯錯。孔子說：「苟志於仁，無惡也。」（《論語·里仁》）

其次，是按禮制行事。「顏淵問仁，子曰：『克己復禮為仁。一日克己復禮，天下歸仁焉。為仁由己，而由人乎哉！』顏淵曰：『請問其目。』子曰：『非禮勿視，非禮勿聽，非禮勿言，非禮勿動。』」（《論語·顏淵》）「克己復禮」就可以達到仁。禮是以仁為精神、以義為原則制定的行為規範，依禮行事，自然是修成仁德的可靠方法。

再次，孔子根據自己「見賢思齊，見不賢而內自省」的修養方法，還提出了省力的修仁方法，即「親仁」（好仁）和「惡不仁」（觀過）。他說：

我未見好仁，惡不仁者。好仁者，無以尚之；惡不仁者，其為仁矣，不使不仁者加乎其身。有能一日用其力於仁矣乎！我未見力不足者。（《論語．里仁》）

又說：

人之過也，各於其黨。觀過，斯知仁矣。（《論語．里仁》）

另外，子夏還提出「博學而篤志，切問而近思，仁在其中矣」（《論語．子張》）。他認為透過廣泛地學習、專心致志地追求，加之以多問和深思，也可以修成仁德。《中庸》說：「故君子遵德性而道問學，致廣大而盡精微。」遵德性即修仁德，道問學即學以致其道。

總之，一個人只要立志於仁，堅持不懈地努力，加強學習，從正反兩個方面去修養善行，克服缺點，將心比心，推己及人，那麼仁心就已充盈於他的心中，仁德的境界也就不難達到了。

仁是人類的善行美德，人類自己也一定能修成這個善行，養成這個美德。正如本文開頭所引孟子的話那樣，人既有與動物禽獸相同的共性（即獸性），又有熱愛自己同類、過和諧生活的特性（即仁義）。在人類歷史上之所以缺乏仁者，之所以不行仁義，那是因為人們自覺不自覺地發展了自己的獸性，而壓抑了自己的人性（即仁愛之心）。孔孟的目的就是要告訴人們了解自己的仁愛本性，幫助人們充分開發和培育仁愛之心，讓仁愛之心逐漸驅逐獸性，最終成為善者、仁人。「為仁由己」，正是鼓勵人們自覺、自勉、自律、自善的至理良言。

第三章　義：道德的自律

子曰：「飯疏食，飲水，曲肱而枕之，樂亦在其中矣。不義而富且貴，於我如浮雲！」（《論語．述而》）

前面我們所引的孔子這段名言，用以說明「孔顏樂處」在於道，這裡，我們將引用這段來說明孔子崇高的義利觀和等級思想。

第一節　不義而富且貴，於我如浮雲

孔子說，即使是吃粗食、喝冷水，枕著手腕在門板上睡大覺，他也樂在其中。對那些以不正當手段得來的富貴，他是不屑一顧的。視此，孔子是個不慕富貴、以苦為樂、自甘淡泊的「苦行者」。但是，他又對弟子說過：「富而（若）可求也，雖執鞭之士，吾亦為之。如不可求，從吾所好。」（《論語．述而》）執鞭之士，楊伯峻先生釋為「市場守門卒」，即今城管人員。他說，如果財富可以追求（即今「經商」），縱然是拿起皮鞭守市場他也在所不惜；如果不可求，就我行我素，追求自己的愛好。由此，似乎他又不是一個全然漠視財富、忘記物欲的人。看似矛盾，其實這中間貫穿了孔子的義利觀。

司馬遷說：「天下熙熙，皆為利來；天下攘攘，皆為利往。」富貴人所慕，貧賤人所惡，古來如此。根據孔子「仁」學的推理，人人都有追求幸福的權利，當然人人也有追求財富的權利。孔子不拒絕財富，也不拒絕富貴，但是他強調獲得財富的方式方法，即義與不義。孔子視富貴如浮雲，是因為得之「不義」，故不可為；孔子為了財富而不拒絕「執鞭之士」的職業，是因為透過勞動致富，故不惜為之。君子愛財，取之有道。孔子曾說：「富與貴，是人之所欲也，不以其道得之，不處也。貧與賤，是人之所惡也，不以其道得之，不去也。」（《論語·里仁》）透過不正當手段得來的富貴，孔子不屑處之；透過不正當的手段改善的困境，孔子不會接受。而判斷是否得其道的準則就是「義」與「不義」。

與孔子同時，衛國有位賢者公叔文子，外邊有很多關於他「不愛笑，不說話，不愛財」的傳說，孔子向公明賈打聽說：「信乎，夫子不言、不笑、不取乎？」公明賈對曰：「以（此因）告者過也。夫子時（合適的時候）然後言，人不厭其言；樂然後笑，人不厭其笑；義然後取，人不厭其取。」（《論語·憲問》）做什麼事都要恰到好處，適時而動。當說就說，當笑則笑，此人之常情。同樣，當取則取，當拿則拿，人們也樂於提供。公叔文子的「義然後取」，也是孔子的取予哲學和義利觀點。他常說：「見利思義」（《論語·憲問》），「見得思義」（《論語·季氏》）。〈曲禮〉：「臨財勿苟得，臨難勿苟免。」

都主張在利害之際，要以大義為重，不要利令智昏，見利忘義。根據人們在義利問題上的態度，孔子由是區分出「君子」和「小人」：

君子喻於義，小人喻於利。（《論語・里仁》）

將義排在第一位，以義斷利者，即是君子；相反，將利排在第一位，「利」字當頭者，就是小人。

推而廣之，義還是君子處理其他一切社會關係，乃至天下大事的行為準則。孔子說：「君子之於天下也，無適（一味地遷就）也，無莫（絕對的否定）也，義之與比。」（《論語・里仁》）—— 君子行身處事，不絕對迎和，也不一概否定，是非面前不感情用事，而是以義作為標準。因此，孔子號召人們「見義勇為」（《論語・為政》），對合乎道義原則的事情，就要勇於追求、努力實踐。孟子發展這一觀點，甚至認為，如果求義與求生產生了矛盾，義士仁人不應貪生怕死，而要捨生取義，這就是他著名的「魚與熊掌」的寓言。孟子說：

魚，我所欲也；熊掌，亦我所欲也。二者不可得兼，舍魚而取熊掌者也。生，亦我所欲也；義，亦我所欲也。二者不可得兼，舍生而取義者也。生，亦我所欲，所欲有甚於生者，故不為苟得也；死，亦我所惡，所惡有甚於死者，故患有所不辟（避）也。（《孟子・告子上》）

「義」是人群或團體中共同的價值尺度、是非觀念和道德準繩，「義」更是人們理想中的最高境界。一切得失生死都要滿足於這個公共的準則，否則，違反這個準則去獲利或求生，就不會被人群或團體接受、容納，一犯眾怒，將會得不償失、生不如死。同時，一個人若為了苟得偷生，而放棄自己的崇高和神聖，那他的富貴和生存又有什麼意義呢？失掉義比失掉生命更可怕，失掉義比失掉財物更可恥，那麼誰還會做那種見利忘義、變節投靠的醜事呢？是故當大明江山傾倒之時，一代名士並官至禮部尚書的錢謙益畏於「水寒」而不履行「君辱臣死」之義，雖然多活了些年月，但士人嘲諷，妻妾痛惜。當然，孔孟所議，是針對在人格上覺醒、在道德上覺悟了的人。

第二節　義的釋義

「義」字又作「誼」，「誼」從「宜」，故《禮記·中庸》說：「義者宜也。」宜即適宜，恰如其分。做得恰如其分就是義，否則就是不義。義是建立在等級制度上的價值觀念，其哲學基礎是物質的差別性。孟子曰：「物之不齊，物之情也。」事物總是有差別的。人類也是一樣，存在長幼、智愚、強弱等差別。為了適應人類生活，社會也因之形成尊卑、貴賤的等級。正視現實，承認差別，制定出等級，讓人們根據自己的才能和身分，在社會中找到合適的位置，使社會在正常秩序中運轉，這是完全必要的，制定這種等級的原則就是孔孟強調的所謂「義」。否則，如果單單從美好的願望出發，不正視現實，不承認差別，抹殺等級秩序，智愚倒置，尊卑失序，社會就會混亂，人類群體就會崩潰。這就是不義。針對陳相抹殺差別的理論，孟子批評說：「物之不齊，物之情也。或相什百，或相倍蓰，子比而同之（採用平等主義），是亂天下也。」（《孟子．滕文公上》）又說：「不揣其本而齊其末，方寸之木可使高於岑樓。」（《孟子．告子下》）這種不顧本質上的差別，人為取消等級的做法，就像將「方寸之木」拔得比「岑樓」（高樓大廈）還高一樣，是極為荒唐的，也是極為愚蠢的。儒家正視差別、肯定等級、講究秩序，也就是提倡「義」。在儒家看來，正義並不是不講條件的人人平等、事事平均，正義只意味著每個人在等級的社會中找到適合自己能力和身分位置的權利。義的實質內容就是在承認差別基礎上，建立起合理的等級制原則。

義的內容非常廣泛，它以等級為背景，以適當為原則，貫穿於所有社會關係中，也貫穿於人類一切活動中。只要有差別，就需要「義」的存在。大致說來，居家有長幼之義、交往有賢愚之義、人倫有尊卑之義、官場有君臣之義、社會有分工之義、政治有仁政之義，等等：

孟子說：「申之以孝悌之義。」（《孟子．梁惠王上》）又說：「義之實，從兄是也。」（《孟子．離婁上》）以幼從長，此即長幼之義。

孔子說：「義者宜也，尊賢為大。」（《禮記．中庸》）以愚尊賢，此賢愚之義。

孔子說：「貴貴尊尊，義之大者也。」（《禮記．喪服四制》）以賤從貴，以卑從尊，此尊卑之義。

子路說：「不仕無義。長幼之節，不可廢也；君臣之義，如之何其廢之？欲潔其身，而亂大倫。君子之仕也，行其義也。」（《論語．微子》）孟子說：「父子有親，君臣有義，夫婦有別，長幼有序，朋友有信。」（《孟子．滕文公上》）以臣從君，此君臣之義。

社會群體中有分工，各有職分，孟子曰：

> 或勞心，或勞力，勞心者治（管理）人，勞力者治於人；治於人者食（養活）人，治人者食於人。天下之通義也。（《孟子．滕文公上》）

以勞力者從勞心者，此社會分工之義。

孔子曰：「務民之義。」（《論語．雍也》）又曰：「上好義，則民莫敢不服。」（《論語．子路》）又說子產「有君子之道四焉：其行己也恭，其事上也敬，其養民也惠，其使民也義」（《論語．公冶長》）。這裡講的是善良的政治，為仁政之義。

齊景公問政孔子，曰：「君君，臣臣，父父，子子。」從政治到倫理，都是有等級的，都有義貫穿其中。義無處不在、無處不有，就像人無所逃於天地之間一樣，人也不能超越義的約束。人們在活動中遵循這種義，就是合理的、成功的，否則就是不合理的、失敗的。

第三節　義與仁與禮的關係——孔子的「系統」觀

前面我們提到孔子的思想特點是「仁、義、禮」的結合，仁、義、禮是孔子觀人論事的系統論，也是孔子為醫治當時社會弊病所開列的系統藥方。那麼，仁、義、禮三者之間的關係怎樣呢？義在這個系統中的作用如何呢？

如上所說，「義無處不在、無處不有」，甚至連在與它構成系統的「仁」、「禮」之中，也無時不有「義」的身影，行仁講禮，都必須在義的指導下進行。《禮記・中庸》記載孔子的一段名言，生動具體地說明了這層關係：

仁者人也，親親為大；義者宜也，尊賢為大。親親之殺（差），尊賢之等，禮所生也。

與此相呼應的還有孟子之說：

仁之實，事親是也；義之實，從兄（尊長）是也；智之實，知斯二者弗去是也；禮之實，節文斯二者是也。（《孟子・離婁上》）

仁者愛人，並不是見人就一樣地愛，不可能沒有等差。仁雖以「愛人」為本，但愛人是從「親親」開始的。修仁的方法是「由近取譬」，「推己及人」，因此，愛人也應從自己的親屬做起，由愛自己的親屬而愛，及於他人。孔子又謂之：「立愛自親始。」（《禮記．祭義》）孟子謂之「老吾老以及人之老，幼吾幼以及人之幼」，「推恩足以保四海」（《孟子．梁惠王上》）。可見，仁者在愛人時，亦有遠近親疏的等差，這就貫穿了「義」的等級原則。荀子說：「君子處仁以義，然後仁也。」（《荀子·大略》）即是這一原則的精闢概括。墨者不知，以「兼愛」說天下，反對儒家「親親有術（殺）、尊賢有等」的「親疏尊卑之異」，提出「以兼相愛交相利之法易之」（《墨子．非儒下》及《兼愛中》）；主張不問親疏，不別遠近，一視同仁，愛無差等，父母與路人無別。因而孟子譏諷「兼愛」的墨子和「為我」的楊子：「無父無君，是禽獸也。」（《孟子．滕文公下》）在孔子的「仁、義、禮」系統中，仁與義密不可分，施仁必須講義。

行禮也不可不知義。在孔子看來，義就是禮的核心內容，禮不過是義的表現形式。或者說，義是禮的靈魂，禮是在義的原則下制定出來的外殼。只要合乎義，即使沒有禮，也可以依據義的需求造一個禮出來，此即「禮以義起」。他說：「君子義以為質，禮以行之，孫（遜）以出之，信以成之。」（《論語．衛靈公》）禮之所以可貴，就在於體現了義的原則，失去了義，禮就形同虛設毫無意義了。《禮記·郊特牲》引孔子曰：「禮之所尊，尊其義也。失其義，陳其數（儀節），祝史之事也。故其數可陳也，其義難知也。知其義而敬守之，天子之所以治天下也。」可見，禮亦離不開義，義是禮的內容、禮的精髓、禮的靈魂。

禮是人類實踐的行為規範，《荀子·大略》：「禮者，人所履也。」《說文解字》：「禮，履也。」《釋名》則曰：「禮，體也。」體，即身體力行。禮就是人們應該照著執行的具體規範。

仁是人類特有的熱愛自己族類的情感，是人格的覺醒。義是人類在社會生活中必須遵循的等級原則，是人類道德的自律。故孟子說：「仁，人心也；義，人路也。」（《孟子·告子上》）禮就是這些情感和原則的具體規定。

「仁、義、禮」三者之中，義是最高原則。一個人是否仁、是否知禮，都以其是否知義為最高、最終的裁判。義是人類實現自我價值的必經之路，也是歷史上志士仁人的成功之路。早在殷之末世，紂王施虐，生靈塗炭，微子啟因諫而不從，離紂而歸於文王；箕子則佯狂為奴，以避大禍；比干則直言強諫，被剖心而死。三人皆因各自盡了君臣之義，故孔子譽為「三仁」（《論語·微子》）。

子產治鄭，鄭人遊於鄉校，以議執政，然明建議子產拆毀鄉校，以絕眾議，子產曰：「其所善者，吾則行之；其所惡者，吾則改之。是吾師也，若之何毀之？」（《左傳》襄公三十一年）孔子聞之，曰：「人謂子產不仁，吾不信也。」孔子許子產為仁，因為子產履行了尊重民意的為政之義。

齊之管仲，生活侈奢，服飾器用，僭於齊君，孔子深以為「不知禮」（《論語．八佾》）。但由於他協助齊桓公「九合諸侯」，「一匡天下，民到於今稱之」，避免了華夏民族「被髮左衽」的亡國之苦，實踐了君臣之義和為政之義，因此，孔子仍許之「如其仁！如其仁！」（《論語．憲問》）

《禮記．喪服四制》說：「門內之治恩掩義，門外之治義斷恩。」仁和義具有不同的適用範圍：治內以恩，治外以義。《穀梁傳》文公二年：「不以親親害尊尊。」親親即對親人的仁愛，尊尊即對尊長的敬意，仁對於義是不應該相妨的。由此觀之，我們說，孔子的學說「是以『義』為最高準則、以『仁、義、禮』為一大系統的學說」亦未嘗不可。

如果沒有禮，人們生活得沒有章法，人類就會變得野蠻；如果沒有仁，人們沒有愛心、沒有體諒，人類就會變得殘忍；如果沒有義，人們沒有原則、沒有是非觀念，人類就變得落後。沒有原則、沒有尺規，輕則為庸人，重則犯上亂下，顛倒秩序，破壞倫理，影響社會的安定與和諧。因此，孔子在強調「君子無終食之間違仁」和「克己復禮」的同時，也號召人們「徙義」以「崇德」，並說：「見義不為，是無勇也。」（《論語．為政》）「群居終日，言不及義，好行小慧（小聰明），難（危險）矣哉！」（《論語．衛靈公》）又說：「聞義不能徙，不善不能改，是吾憂也。」（《論語．述而》）進德勸義，無非要人們提高自律意識、增強責任感，讓社會在秩序與和諧中運轉。

見義勇為，莫行不義。義之所在，雖拋頭顱、灑熱血也在所不惜；苟為不義，雖富有天下，亦有所不取。

「不義而富且貴，於我如浮雲！」實為天下萬世修齊治平之良訓。志士仁人，可不勉乎？

第四章　禮：仁義之路

顏淵問仁，孔子說：「克己復禮為仁。一日克己復禮，天下歸仁焉。」顏淵又問具體項目，孔子說：「非禮勿視，非禮勿聽，非禮勿言，非禮勿動。」

「克己復禮」的復，在這裡是踐履、實施的意思。克己復禮是踐履周禮，而不是復辟周禮。這個詞最早見於《左傳》昭公十二年，仲尼曰：「古也有志：『克己復禮，仁也。』」可見，「克己復禮」並不是孔子的發明，而是「古志」上的格言。孔子所稱之「古志」，自當是春秋以前的志書，最遲也是西周的著作，其時禮樂盛行，周禮未曾丟失，談不上復辟。

復，有踐履義。《論語·學而》：「信近於義，言可復也。」朱熹注：「復，踐言也。」楊伯峻先生引《左傳》荀息「能欲復言而愛身乎」，證明復有踐履義，其說可從。孔子說，按照周禮辦事就是仁，只要人們在視、聽、言、動上都依禮行事，天下就把「仁」的稱號奉送給他了。

一般而言，禮是外加於人的行為規範，仁是人活潑的特質，為什麼修練仁德反要以實踐禮制為前提呢？如前所云，仁在於愛人，義在於知宜，仁有親疏，義有差等，於是禮就產生了，禮就是仁德和義規的明文規定。仁和義，都是無形的情感和原則，禮則是明確的規定。仁義是無形之禮，禮是有形之仁義，故踐禮可以達仁，由禮可以知義。人離不開仁義，當然也離不開禮制。沒有仁義，人就不是一個人格自覺和道德自律的人；沒有禮，人就不能「言中倫，行中慮」，就不是一個社會學意義上的人。因此，講孔子思想，僅僅言仁言義都不全面，必待「仁、義、禮」三者一起講才是完完全全的孔子思想。是故在講了仁義之後，必須再拈出孔子的禮說來加以討論。

第一節　人與獸的分水嶺——禮的必然性

孔子「知禮」，並不停留在通曉禮制的儀文節度上，而是對禮進行了很深的學術探討，提出了許多關於禮的精闢見解，它將僅具有實踐意義的禮儀上升到具有理論意義的禮學(或禮教)。它既包括對禮產生的必然性和弘揚禮的必要性的探討，也包括對禮制演變、禮制內容和形式、禮制與教化諸問題的解答，從而為禮制的推行提供了堅實的理論基礎。這裡，讓我們首先看看孔子和儒家是怎樣論述禮的產生及其重要性的。

孔子認為，禮是文明社會的必然產物，只要人不逃避文明的生活，那麼禮也就無處不在地牢籠著每一個人，約束著人的每一個行為。《禮記．禮運》記載孔子說：在結束了天下為公的原始社會後，「今大道既隱，天下為家，各親其親，各子其子，貨力為己，大人世及以為禮，城郭溝池以為固，禮義以為紀。以正君臣，以篤父子，以睦兄弟，以和夫婦，以設制度，以立田里，以賢（表彰）勇智，以功為己」。他說：當原始社會結束後，天下成了私有制的天下，人們各愛各的親人、各哺各的子女，社會組織也形成了世襲的一家一姓的權力機制，禮就產生了（「大人世及以為禮」）。在這個私有制社會裡，人們以禮義作為綱紀準繩，來調節君臣關係、加強父子感情、和諧手足關係、融洽夫婦愛情，進而形成規章制度、田里區劃和尚賢尚能的種種規矩。簡言之，由於文明社會的降臨，人類社會形成了處理人倫關係（父子、兄弟、夫婦）、社會關係（朋友）和政治關係（君臣、尊卑、貴賤、賢愚）的規範和制度，禮制就這樣產生了。

有了禮，文明的人才和野蠻的人區別開來，自由的人才與本能的動物區別開來，完整的人也才正式誕生。《周易．序卦傳》:「有天地然後有萬物，有萬物然後有男女，有男女然後有夫婦，有夫婦然後有父子，有父子然後有君臣，有君臣然後有上下，有上下然後禮義有所錯。」

這裡所說的「男女」有別於「夫婦」，即婚姻不明、父子不清的亂婚或群婚狀態。「禮義」的產生才將「夫婦」、「父子」、「君臣」等社會關係確立下來，才使人類社會進入了文明階段。在儒家看來，真正的「人」，應該是從知道並服行禮義才開始的。荀子也說過：

> 人之所以為人者，非特以其二足而無毛也，以其有辨（別）也。夫禽獸有父子而無父子之親，有牝牡而無男女之別，故人道莫不有辨，辨莫大於分，分莫大於禮。（《荀子·非相》）

《禮記·曲禮上》亦曰：

> 鸚鵡能言，不離飛鳥；猩猩能言，不離禽獸。今人而無禮，雖能言，不亦禽獸之心乎？夫唯禽獸無禮，故父子聚麀（共妻）。是故聖人作，為禮以教人，使人以有禮，知自別於禽獸。

人之所以為人，並不僅僅是直立行走、身體無毛的緣故，也不僅僅是因為他口舌能言，而是因為人有適應社會生活的各種禮制，是禮制幫助人確立了自我獨立的人格意識，成為有理智、有節制的高等動物;是禮制為人確定了人、我、家庭、社會、政治等觀念和規定，使人們在有倫理、有秩序的環境中生活。倘若沒有禮義之大防，那將是男女無別、父子共妻，與禽獸沒有兩樣。

可見，禮既是人類社會從野蠻階段進入文明階段的必然產物，也是人區別於動物的分水嶺，禮的產生有其歷史的必然性。

第二節　治與亂的分界線——禮的必要性

禮，荀子解釋為「人之所履也」，許慎《說文解字》同之：「禮，體也。」《禮記·禮器》也如是說，劉熙《釋名》同之。履即踐履、實施；體即身體力行，躬自實踐。禮是人所履行的規範，舉凡人類的物質生活、精神生活、倫理生活、社會生活和政治生活的一切規矩，無一不屬於禮的範圍。物質生活包括衣、食、住、行，精神生活包括教育、娛樂、祭奠、學術等活動，倫理生活包括夫婦、父子、兄弟、親戚等關係，社會生活包括朋友、師徒、鄰里、同事、長幼等關係，政治生活包括君臣、上下、尊卑、賢愚等區別，甚至心靈生活的祈禱安頓、冥想修行，等等，無不有具體的禮制來節度，以避免人們因這些關係處理不當而造成錯亂。禮儀制度正是為不同階級和階層、不同等級和類別的人們在這些領域活動中，制定出的相應的行為規範，以便人們處理好各種關係，扮演好自己的角色，以維繫整個社會的和諧、長治久安。禮是人格自覺的人們過文明生活的實踐哲學。《禮記·坊記》曰：

子云：「小人貧斯約（窘迫），富斯驕；約斯盜，驕斯亂。禮者，因人之情而為之節文，以為民坊（防）者也。故聖人之制富貴也，使民富不足以驕，貧不至於約，貴不慊（不滿足）於上，故亂益亡（無）。」

又曰：

子云：「夫禮者，所以章（明）疑別微以為民坊（防）者也。故貴賤有等，衣服有別，朝廷有位（尊卑），則民有所讓。」

可見，禮還是對人欲的節制、對禍亂的防範。實際上，禮即是對人的行為所作的規定。其中「衣服有別」屬物質生活，「朝廷有位」屬政治生活，「貴賤有等」分屬於倫理、社會、政治生活，「民有讓」屬於社會生活。人類的每一個活動領域無不浸透著禮的規定、無不存在著禮的身影。一個士人如果很好地掌握了這些規定、遵守了這些規範，那他就能很好地立身於這個社會，與人們和諧相處，並可生活幸福、事業有成。此即孔子反覆叮囑「不知禮無以立」（《論語．堯曰》），「不學禮，無以立」（《論語．季氏》）的用意所在。

孔子又說：

丘聞之：民之所由生，禮為大。非禮，無以節事天地之神也；非禮，無以辨君臣、上下、長幼之位也；非禮，無以別男女、父子、兄弟之親，婚姻疏數之交也。（《禮記．哀公問》）

沒有禮制，就沒有祭天告地的儀式，就無法辨別君臣、上下、長幼之間的職權和差別，就不能區別男女、父子、兄弟之間的親情關係和親戚之間的親疏關係，從倫理關係、社會秩序，到政治地位、宗教活動，都會出現混亂不清的局面。倘若家庭不親，倫常失序，貴賤失等，君臣失位，祭祀廢弛，那麼這個社會將會傾頹、混亂，這個國家就不成其為國家，社稷國祚也就不存在了。可見，禮是維繫社會正常運轉的必要保證，禮成了治世與亂世的分界線。

第三節　禮從宜：禮之因革

在這個子目下，我們欲就「禮制演變」問題介紹一下孔子的觀點：

孔子對早期中國的禮樂文化曾作過一番歷史的巡禮，尤其對夏商周三代禮制知之尤詳。如前所引，他說：「我欲觀夏道，是故之杞，而不足徵也，吾得《夏時》焉；我欲觀殷道，是故之宋，而不足徵也，吾得《坤乾》焉。」（《禮記・禮運》引）又說：「夏禮吾能言之，而杞不足徵也；殷禮吾能言之，而宋不足徵也。」（《論語・八佾》）又說：「郁郁乎文哉！吾從周。」（同前）透過對三代禮制的這番認真考察和鑑別，孔子發現夏商之禮，皆有缺失，唯姬周之制最為完美，他還發現了三代禮制的歷史繼承性，提出了著名的禮制「因革」說：

殷因於夏禮，所損益可知也；周因於殷禮，所損益可知也。其或繼周者，雖百世可知也。（《論語・為政》）

「因」，因循，即繼承；「損益」，增減，即革新。這段話揭示了歷史文化的繼承和發展問題。孔子發現，殷禮是在夏禮基礎上建立起來的，但有所繼承，也有所革新；周禮是在殷禮基礎上建立起來的，也是有所繼承、有所革新。推而廣之，孔子認為，中華文化就是在這樣一種形式下，在同文同種，即同一個文化類型的基礎上，實現改朝換代、革故鼎新的。由於歷代的文化因素相同，前後繼承明顯，因此，縱然是傳之百世，其間的繼承之跡也是可以考察清楚的。人類不能憑空創造歷史，每個民族都不能割斷歷史，只要他還是在上一代文化的氛圍中創造歷史，他就天然地帶上歷史文化的臍帶。但是，新文化不是舊文化的原樣複製，新時代的禮制也不是舊時代禮制的簡單回歸，一切具有生命力的文化更新，都必須在繼承歷史文化的同時，適時進行變革，以豐潤的新制來蘊含歷史，以創新的面貌來迎接生活。這是人類文化得以繼承和發展、人類歷史得以不斷前進的重要保證。中華文化之所以代代相因、歷久不衰，與其歷史繼承性基礎上的適時之變是分不開的。因而，孔子的三代禮制「因革」說，不僅是對夏商周文化繼承關係的準確揭示，這一論斷也影響後來的中國歷史，是使中華文化數千年來保持其「一以貫之」特色的行動指南。就算是在現今，在面臨如何估價歷史、如何處理傳統文化與現代化關係的問題上，孔子的這一教誨也同樣具有借鑑意義。

第四節　人而不仁，如禮何？

禮，並不意味著枯燥的繁文縟節，儀節的背後具有精義存在。孔子還解答了禮的內容和形式之間的辯證關係問題，使中華文化中關於禮的學說提高到了哲學思考的高度。

一、禮是仁義之節文

孔子之前，不少人論到禮，認為禮是一種外界強制於人的力量，把禮的內容純粹解釋為制度和儀節。孔子則不然，雖然他同樣將許多政治設施、倫理制度、社會規範也視為禮的組成部分，但是他認為，在這些規定與儀節背後，有著更深沉的精神實質，具體的禮儀就是這種精神實質的表現形式。形式是內容的外化，禮制亦即仁義的物化。孔子關於「仁者人也，親親為大；義者宜也，尊賢為大。親親之殺（差），尊賢之等，禮所生也」（《禮記·中庸》）的名言，就是禮制與仁義這種關係的精闢概括。仁的差別性和義的等級性，就是禮產生的哲學基礎和客觀依據。

仁義是禮的靈魂，禮是行仁講義的必要措施。如果說，仁、義是人之為人必不可少的情感與原則的話，那麼，禮就是這種情感和原則的外在體現和恰當表達。作為仁、義的明文規定，禮之於人，同樣是不可缺少的。這一觀點為後世儒家所普遍接受：

孟子曰：「仁之實，事親是也；義之實，從兄（尊長）是也；智之實，知斯二者弗去是也；禮之實，節文斯二者是也。」（《孟子．離婁上》）

他認為禮是對仁、義的規範（「節」）和文飾（「文」）。

荀子也說：「親親、故故、庸庸、勞勞，仁之殺（差別）也；貴貴、尊尊、賢賢、老老、長長，義之倫（類別）也。行之得其節（節度），禮之序（秩序）也。」（《荀子．大略》）

也就是熱愛親人、親近故舊、獎勵有功、慰勉勤勞，這是行仁時體現出的差別；敬仰高貴、崇拜尊長、舉用賢能、尊敬老人、服從長者，這是講義時強調的類別。保證以上諸項得以恰當貫徹，禮制中就規定出一定的順序。可見，荀子同樣將禮視為行仁講義的保證。

仁、義、禮是三位一體的統一體，一方面使仁、義獲得了明文規定，以便行之有度；另一方面，又賦予禮以活的靈魂，使禮這一外在節制機制轉化成人之為人的內在需求。

如前所述，仁是以「親親」為始的人類友愛，宣揚慈愛、諒解、互助、容忍，也承認人民適當的物質需求，主張改善和提高人民的物質生活水準（庶、富、教）。義是以「尊賢」為首的適宜原則，承認社會有分工、有差別、有等級，人們各有各的位置、權利和義務，強調各級人們自制、自律。禮則是為保證以上精神和原則付諸實施做出的具體規定。如果說，仁是人類的人格自覺，義是人類的道德自律，都屬於內在機制的話，那麼，禮則是外在機制，它具有一定的強制性，也使仁、義的表達準確到位。

孔子將禮與仁義結合，使內在機制與外在機制協調起來，從而在理論上和實踐上將禮學提高到一個新的高度。義的等級性，則為禮的合理性提供了哲學依據，禮不再是純粹人為的制作，也不再是枯燥的儀節，而是具有豐富思想內容，並為社會所必需的合理設施。在實踐上，仁作為人格的自覺意識、義作為道德的自律原則，為禮的順利推行提供了內在的、能動的保障，實踐禮制成了人類的自覺活動和內在需求，不再具有過分強制的意味了。禮作為體現仁義的行為規範，又使行仁講義具有了可以遵循踐履的明確法度，使仁義之法切實可行。如果只有禮而無仁義，禮就成了純粹的強制力量，必然難行;如果只有仁義而無禮制，人們各行其是，沒有公認的準繩，必然事與願違，造成社會的混亂。

關於此，《說苑·建本》有一則生動的寓言：

子路問於孔子曰：「請釋（放棄）古之學而行由（子路名仲由）之意，可乎？」孔子曰：「不可。昔者，東夷慕諸夏之義，有女，其夫死，為之內（納）私婿，終身不嫁。不嫁則不嫁矣，然非貞節之義也。蒼梧之弟，娶妻而美，請與兄易。忠則忠矣，然非禮也。今子（你）欲釋古之學而行子之意，庸（豈）知子用非為是，用是為非？」

這則寓言頗能反映古代樸素的民風民俗，特別是其中所揭示的行仁講義必須合乎禮制的思想更是非常寶貴的。東夷之女夫死不嫁，這符合「從一而終」的名義，但私下招了個姘夫，實質上並不符合貞節的真諦；蒼梧之弟獻妻於兄，表面上合乎「從兄」的定義，卻違背了人倫之大防，不合乎儒家夫妻之義。行仁講義都必須在禮制的範圍內進行，不能根據自己的理解去各行其是，否則就會造成混亂。

二、禮，所以制中

禮制，是保證人們行為具有恰當分寸的設施。即使是一個內在修養很高的人，如果行不由禮，也會走向另一個極端，優點反而成了缺點。孔子曰：

恭而無禮則勞，慎而無禮則葸（膽怯），勇而無禮則亂，直而無禮則絞（尖刻）。（《論語．泰伯》）

恭則敬，慎則寡過，勇則敢為，直則無偏，這些本來都是優良特質，但如果行不由禮，就會適得其反：恭敬而不知節度，整日精神緊張，故勞；謹慎而不知節度，猥瑣膽小，故葸；勇猛而不知節度，剽悍逞強，故亂；直率而不知節度，尖酸刻薄，故絞。任何好心善意，都必須以恰當的方式表達出來，這個恰當的方式，便是約定俗成、能為大家所接受的禮。禮正是保證人們行動得體的尺度，故孔子無限感慨地說：

禮乎禮！禮所以制中（適中）也！（《禮記．仲尼燕居》）

三、文質彬彬，然後君子

孔子論禮，還傾注了他滿腔的美學熱情。孔子不僅強調禮的精神實質和社會功能，也十分看重禮節儀式的文華之美。禮的內容，孔子稱之為「質」；禮的形式，孔子稱之為「文」。孔子與子貢觀禮於魯太廟之北堂，子貢問孔子：北堂的門扇都是用短塊木料鑲接成，這是別有用意呢，還是工匠的偶然失誤？孔子回答：太廟建築非常考究，官府招能工巧匠，精雕細刻，怎麼會有失誤呢？用短木鑲接廟門，是為了造型美觀，這是「君子貴文」的表現。「貴文」就是看重禮儀的美學價值。

孔子考察三代禮儀，夏尚質，殷尚忠，俱稍遜風騷；又加「文獻不足」，文華無徵，因此不可取。唯獨「周監於二代，郁郁乎文哉」（《論語．八佾》），故孔子決定「從周」。除了對西周盛世的憧憬外，其間對周禮美麗文華的陶醉，當是重要原因之一。

由於對禮儀形式美的執迷，孔子有時似乎也不免走了極端，一些已經流於形式的禮制也捨不得丟掉。《論語．八佾》記載說：

子貢欲去告朔之餼（ㄒㄧ ㄧˋ）羊，子曰：「賜（子貢名）也，爾愛（惜）其羊，我愛其禮！」

「告（ㄍㄨ ˋ）朔」，即頒布曆法之禮。西周時期，曆法由周王朝太史統一制定，謂之「朔政」（或「月令」）。朔政每年頒發一次，周天子藏於明堂，諸侯藏於太廟。每月朔日（初一），殺一頭羊（即「餼羊」）祭告祖廟，取出當月朔政執行，此即「告朔」之禮。頒歷布朔的制度在農業社會非常重要，故「告朔禮」成為國家重要禮儀活動之一。但是，自周室東遷，王官廢職，「幽厲之後，周室微，陪臣執政，史不記時，君不告朔」（《史記・曆書》）。諸侯各國也常常「不告月」，「不視朔」（《左傳》文公六年、十六年），頒布曆法的告朔制度早已不被認真執行了。不過，魯國雖不頒歷，每月初一還是殺一頭羊去祭告祖廟，以虛應故事。一向講究實際的子貢覺得無此必要，主張將獻羊的儀式也省了。孔子則不然，認為雖然破費點，但這個禮儀還是很可愛的，應該保留下去。

孔子的態度當然不能理解成頑固保守，而應從美學的角度來加以解釋。

孔子認為，在個人修養上，一定的美質也需要相應的禮儀來文飾。他說：「君子義以為質，禮以行之。」（《論語・衛靈公》）君子本質上是行義，但為了行義的方便，卻要用禮儀來文飾。君子重義，而行其所重又莫非禮儀。因此，當子路問「成人」：

子曰：「若臧武仲之知（智），（孟）公綽之不欲，卞莊子之勇，冉求之藝（多才），文之以禮樂，亦可以為成人矣。」（《論語・憲問》）

「成人」是一種人格形態，其特徵是智、廉、勇、才和知禮樂。臧武仲是魯國大夫臧孫紇，是著名的智者。他在與季孫氏、孟孫氏的鬥爭中，敏感地意識到：「季孫之愛我，疾疢（ㄔㄣˋ，熱病）也；孟孫之惡我，藥石也。美疢不如惡石。夫石猶生我，疢之美者，其毒滋多。」（《左傳》襄公二十三年）後來，果然應驗了他的這番預測，臧孫紇被季孫氏逼奔齊國。「美疢與惡石」之辨也成了警防糖衣毒藥最古老的良訓。孟公綽，魯人，有德而乏才，孔子曾說：「孟公綽為趙魏老（家臣）則優，不可以為滕薛大夫。」他缺乏方面之任的才能；但為人寡欲，廉潔奉公。卞莊子，魯大夫，守卞邑。《荀子．大略》：「齊人欲伐魯，忌卞莊子，不敢過卞。」《韓詩外傳》又說卞莊子純孝，母在世，為留下盡孝，三戰三北，朋友非之，國君辱之；及其母死，與齊師戰，連獲三武士，以塞三敗之責。冉求，字子有，多才多藝，孔子嘗稱「求也藝」（《論語．雍也》）。一個人若兼有以上四人的優點：智、廉、勇、才，還不能算是「成人」，必須有待於他對禮樂的修養然後完成。其中奧妙何在呢？子貢對個中奧祕，倒有充分的體會。

棘成子曰：「君子質而已矣，何以文為？」子貢曰：「惜乎！夫子之說君子也，駟不及舌（即「一言既出，駟馬難追」之意）。文猶質也，質猶文也。虎豹之鞟（ㄎㄨㄛˋ，去毛之皮），猶犬羊之鞟。」（《論語．顏淵》）

「文猶質也，質猶文也」，意即文與質、質與文同等重要，互相依存。如果沒有禮儀作文飾，君子就與小人無異，君子就不成其為君子了，禮儀文章是君子必要的外在修飾。理想的境界是文飾與美質內外結合，完美無憾。孔子所謂「質勝文則野，文勝質則史。文質彬彬，然後君子」（《論語·雍也》）的名言，即是千古君子完成品格修養和儀表修飾的座右銘。「史」，文飾過分，即文縐縐，華而不實。「野」，粗野，不中禮節。任何優秀品格都必須以一種深思熟慮、合乎禮儀的形式表現出來，內容與形式、文與質相稱，完美和諧（即「文質彬彬」），才算意義完全的君子。否則，任何一個方面（文或質）的過剩，都是不理想的組合。

子路是孔子心愛的弟子，對老師忠心耿耿，追隨至誠，孔子認為如果「道之不行，乘桴（木筏）浮於海」，能夠與自己共患難，緊跟無悔者，只有子路一人。但由於子路性格過於直率，缺乏禮儀約束，言行過分粗魯，不合乎文質相稱的審美要求，於是，孔子曾一次又一次地責怪說：「野哉！由也！」

孔子也反對過分追求形式，認為一個讀書人咬文嚼字、言行虛偽，也不可取。孔子告誡子夏說：「女為君子儒，無為小人儒。」就含有不要文勝於質的規勸。

良好的內在修養、優雅的言語舉止，心靈美、語言美、行為美、儀表美，處處給予人愛、溫馨，形式得體、方法得當。這樣的人，還有誰不心悅誠服，稱他為「君子」呢？

四、林放問禮之本

《論語．八佾》載：

林放問禮之本，子曰：「大哉問！禮與其奢也，寧儉；喪與其易（周到）也，寧戚（哀傷）。」

林放問禮的根本內容，孔子說：「這是個十分重要的問題呀！禮嘛，與其過分奢侈鋪張，不如節儉；喪事與其禮數周全卻毫不動情，寧願哀傷一點。」

《禮記．檀弓上》亦載子路曰：「吾聞諸夫子：『喪禮，與其哀不足而禮有餘也，不若禮不足而哀有餘也；祭禮，與其敬不足而禮有餘也，不若禮不足而敬有餘也。』」

兩則資料可以相互為證、互相說明。祭禮是為了表達人對神的敬意而舉行的，喪禮是為了表達生者對死者的哀悼之情才舉行的，與其禮儀隆重而不哀不敬，不如哀敬有餘而禮數不足。禮儀不是空洞的，也不是虛設故事，而是表達特定情感的需求，其實質為的是將人的內心情感渲染得更加濃郁，更加盡情。

有是情乃有是禮，無斯情即無斯禮。故孔子曰：「君子禮以飾情。」（《禮記．曾子問》引）《荀子．大略》也說：「禮之大凡：事生，飾歡（表達高興）也；送死，飾哀（表達悲傷）也；軍旅，飾威（顯示威嚴）也。」說明的都是同一個意思：禮是內心感情的表達，禮是內情的外現。倘若沒有真情實感，徒具禮數，縱然儀式隆重無比，那也不足一觀：

子曰：「居上不寬，為禮（祭禮）不敬，臨喪不哀，吾何以觀之哉？」（《論語．八佾》）

因此，儘管孔子對禮儀文華崇尚有加，儘管他強調形式對內容的積極作用，但是，當禮儀文華成了虛偽之物、形式成了空洞架子的時候，孔子寧願選擇內容，注重實情。尤其是作為禮儀核心內容的「仁義」倘若被丟棄，即使其人將禮儀活動舉辦得多麼隆重，孔子也不會將「知禮」的美名輕許其人。他說：

人而不仁，如禮何？人而不仁，如樂何？（《論語．八佾》）

又說：

禮云禮云，玉帛云乎哉！樂云樂云，鐘鼓云乎哉！（《論語．陽貨》）

孔子說：人若沒有仁心，還侈談什麼禮呢？人若沒有仁心，還談什麼樂呢？禮呀禮呀，難道就是擺些玉器、綢緞就算數了嗎？樂呀樂呀，難道敲金彈革就算數了嗎？非也！禮樂之所以成其為禮樂，就因為它蘊含了真情實意，具有仁義之德。情是根本，仁義是核心，禮儀是末節。荀子說：「制禮，反本、成末，然後禮也！」（《荀子．大略》）——根據人心情感之根本，完成禮儀之末節，禮於是就產生了。這正是孔子禮教學說的正確闡釋。

第五節　一日克己復禮，天下歸仁焉

在孔子看來，禮具有歷史的必然性和現實的必要性，人要想過文明、秩序的生活，就必須在禮的範圍內行動。禮以仁義為內容，仁是人類本性的昇華，是人格的自覺；義是人類道德的自律，是人類文明的保障。那麼，實踐禮制就成了喚發仁心、增強義氣的過程，是實現社會文明和個人價值的必經之路。沒有禮、不知禮，人就不知道怎樣修成仁德、怎樣勇於為義，人就不能成為完整的人。不為禮，不行禮，人就永遠處於凡夫俗子狀態，永遠只配向仁人君子的彼岸望洋興嘆。與其臨淵而羨魚，不如退而結網。欲企聖成仁的志士君子，就當沿著禮制的航標，高揚起理想的風帆，抵達仁義的彼岸。為此，孔子要求人們「克己復禮」，教導人們在倫理生活、社會生活、政治生活各個領域，都按禮制行事，做到「非禮勿動」。

孟懿子問孝，孔子曰：「無違。」又曰：「生事之以禮，死葬之以禮，祭之以禮。」（《論語·為政》）這是說家庭倫理生活，盡孝敬長，應該遵之以禮。

孔子又曰：「益者三樂：樂節禮樂，樂道人之善，樂多賢友，益也。」（《論語·季氏》）對人有益的三種處事之道，首先是以禮樂為節制，是社會生活，須遵之以禮。

又說：「導之以德，齊之以禮，（民）有恥且格。」（《論語·

為政》）對人民要用德來表帥之，用禮來統一之，這樣人民就不會犯規（格），並有廉恥之心。

又說：「君使臣以禮，臣事君以忠」，「事君盡禮」（俱見《論語‧八佾》）。無論是對民，還是對君，都要以禮為手段。政治生活，須遵之以禮。

禮具有廣泛的約束性，也具有廣泛的應用價值。在修身上，如果按禮辦事，「言中規，行中倫，用中權」，就會成為仁人、成為君子。在社會上，如果找準自己的位置，盡自己的職分，就不會與人衝撞，不僅自己事業有成，社會也得惠，實現安定和秩序。作為統治者，如果將禮樂教化推行天下，人人被教，個個知禮，那麼，必然處處是絲竹管弦之聲，處處有行為禮貌之民。這樣一來，天下何愁不治，何愁不太平呢？倡禮行禮有這麼多好處，無怪孔子要低吟婉唱：「一日克己復禮，天下歸仁焉。」

在講完了儒家的「仁、義、禮」之後，我們還想將深通仁、義、禮之道而又是反對派的韓非的一段論述引錄出來，以與上述諸論相參考：

仁者，謂其中心欣然愛人也。其喜人之有福而惡人之有禍也，生心之所不能已也，非求其報也，故曰「上仁為之而無以為也」。義者，君臣上下之事，父子貴賤之差也，知交朋友之接也，親疏內外之分也。臣事君宜，下懷上宜，子事父宜，賤敬貴宜，知交友朋之相助也宜，親者內而疏者外宜。

義者謂其宜也，宜而為之，故曰「上義為之而有以為也」。禮者，所以貌情也，群義之文章也，君臣父子之交也，貴賤賢不肖之所以別也。中心懷而不諭，故疾趨卑拜以明之；實心愛而不知，故好言繁辭以信之。禮者，外飾之所以諭內也，故曰「禮以貌情也」。（《韓非子・解老》）

第五章　中庸：處世哲學

孔子說：「中庸之為德也，其至矣乎？民鮮能久矣！」(《論語·雍也》)中庸是一種常人很難達到的崇高的德行，孔子稱之為「至矣」，即人生修養的最高境界。可是，我們今天提及「中庸」一詞，就會使人想起無原則、無是非、和稀泥，還會想起那些庸俗之人唯唯諾諾、庸庸碌碌、無所作為的樣子。這就不能不令人困惑，終生奮鬥不息，不知老之將至的一代哲人孔子，怎麼會把這種隨處可見的平庸人格說成是「民鮮能久矣」的至德。那麼，「中庸」到底為何物呢？

中庸是孔子的一種思想方法，在孔子「仁、義、禮」結合的思想體系中，在他因材施教的教學實踐中，在他因時制宜的出處進退和待人接物的活動中，無不貫穿著中庸的方法，無不打上中庸的烙印。隨著孔子被尊為至聖先師，儒學被待以至尊地位，中庸作為儒學的思想核心之一，成為影響和規範中華文化的指南和模式。因此，中庸是準確理解孔子及其思想的鑰匙，是認識儒家思想的一大關鍵，也是了解中華文化特色的一個門徑，我們切不可受歷史上對中庸誤解的影響而等閒視之、漠然置之。如果那樣，我們就成為了不善於吸取聖賢智慧的愚人。

根據孔子關於「中庸」精神的論述和他的為人處事方法，

我們可以將中庸這一思想方法歸納為四項，即適中、中正、中和、時中。下面分別言之。

第一節　允執厥中——適中

適中，即無過不及、恰到好處。「中庸」，按其本訓，即用中。庸即用，《莊子·齊物論》：「庸也者，用也。」《說文解字》：「庸，用也。」即其證。用中，掌握恰當的分寸，用恰當的方式、方法和尺度來修身、處事、治世。這就是《禮記·中庸》所說：「執其兩端，用其中於民。」即控制兩個極端，以恰當（中）的分寸來治理人民。孔子認為「用中於民」的思想淵源悠久，傳自堯舜。是堯、舜、禹、湯相傳的祕訣：

堯曰：「咨爾舜：『天之歷數（節度）在爾躬（身），允執厥（其）中。四海困窮，天祿永終。』」舜亦以命禹。（《論語·堯曰》）

「天之歷數」，指根據天體執行規律制定的曆法等節度，這裡側重於天體的執行節度和規律。孔子認為，是在堯的時代，推步天文，制定了曆法；也是從堯開始，法天行之節度（即規律）來治理社會。他說：「大哉堯之為君也！巍巍乎！唯天為大，唯堯則之。」（《論語·泰伯》）而堯舜則天治世的主要內容，即法天行適度的原則，掌握適中（「允執其中」）的限度。如果走極端，將天下逼得走投無路（「困窮」），上天賜予的祿位也就永遠終止了。他反對過分和過火的行為，認為過分的強硬措施，是不得人心的暴政、苛政和虐政。但也不能走鬆弛寬政的極端，過分柔政，也會適得其反，造成民心淫佚、風氣不振。因而孔子說：「愛之（民）能勿勞（勞苦）乎？」（《論語‧憲問》）愛民、惠民並不是完全不要人民從事必要的勞動。歷史的經驗證明：若統治者一味地實行強權政治，就會加深人民的反抗情緒，若到了人民走投無路的時候，天賜之祿當然就將永遠離統治者而去了；相反地，若統治者過分柔惠，朝廷無威，政令不行，法禁不止，民風頹廢，地方坐大，豪強割據，甚至地方勢力武斷鄉曲，抗衡中央，就不利於社會安寧和穩定。因此，一定要「允執厥中」，「用其中於民」，剛而不至於猛，惠而不至於軟，愛之勞之，取之予之，然後天下安定。

適中的原則在教學上和修身中也極為重要。孔子在教學中善於分析弟子的優劣、善否、長短，因材施教，很好地貫徹了中庸的方法。一次，子路問孔子：「聞斯行諸？」孔子說：「有父兄在，如之何其聞斯行之？」後來，冉求向孔子請教同一個問題，孔子卻欣然答道：「聞斯行之！」公西華很不理解，孔子解釋說：「求也退（膽怯），故進（促進）之；由也兼人（逞強），故退（抑退）之。」（《論語‧先進》）子路為人言必行，行必果，聽到了一個善言，若是自己還未付諸實踐，唯恐又聽到新的。他為人好勇逞強，顯得咄咄逼人，不合乎

「孫（遜）以出之」（《論語．衛靈公》）的修身之道，故孔子有意抑退他。冉求為人膽怯，見義不能勇為，又不合乎「當仁不讓於師」（《論語．衛靈公》）的精神，故孔子促進之。孔子對子路、對冉求的不同教誨，正在於掌握適中的原則。

子貢問子張與子夏二人孰優？孔子說：「師（子張）也過（過度），商（子夏）也不及。」子貢說：「然則師愈（優）與？」孔子曰：「過猶不及。」（《論語．先進》）子張性偏激，有些急躁冒進，孔子曾說，「師也辟」，即志趣孤高而流於偏激；子夏重文，是位謹小慎微的純儒，孔子曾告誡他：「女為君子儒，無為小人儒。」沒有大志固然不好，因為無大志就不能最大限度地開發人的潛能；但志高氣盛，流於偏激也不好，因為偏激會造成狂妄自大、孤高脫群。向任何一個方面走極端，都不是君子的理想人格，故孔子說「過猶不及」。孔子的理想人格是知進知退，知剛知柔，防其兩極，慎守中道。有一善行，但又保持一定的分寸，不把某種特質推向極端，避免走入死胡同。物極必反，任何東西過分地強調都會走向反面，就會適得其反。正如英國詩人傑弗瑞．喬叟（Geoffrey Chaucer）所說：「懷疑一切與信任一切是同樣的錯。能得乎其中，方為正道。」弗拉迪米爾·列寧（Vladimir Lenin）亦說：「只要向前再多走一小步 —— 看來彷彿依然是向同一方面前進的一小步 —— 真理就會變成謬誤。」很多人雖有很多善行和美德，但由於過分發揮，走了極端，優點反而成了缺點。孔子在自己的品格修養上，就是恰當掌握分寸，正確培養美德，因而成了聖人。《淮南子．人間》記載說：

人或問孔子曰：「顏回何如人也？」曰：「仁人也。丘弗如也。」「子貢何如人也？」曰：「辨人也。丘弗如也。」「子路何如人也？」曰：「勇人也。丘弗如也。」賓曰：「三人皆賢於夫子，而為夫子役（指使），何也？」孔子曰：「丘能仁且忍，辯且訥，勇且怯。以三子之能易（換）丘一道，丘弗為也。」

孔子認為，顏回、子貢、子路都有他們的過人之處，甚至這些長處在某種意義上是自己比不上的（「丘弗如也」），但由於不善於執中，不善於掌握恰當的分寸，因而都未能盡善盡美。孔子自己則兼有眾人之長，而無眾人之短，能掌握火候，恰到好處，因此，雖然在具體技能方面不及諸人，但他具有綜合優勢，這是眾人不能比擬的。這段話亦見於《說苑．雜言》、《論衡．定賢》、《列子．仲尼》等書，未必真出自孔子之口，但它表達的行為適中、無過不及的思想，卻與孔子「過猶不及」觀點如出一轍。

孔子又說：

聰明聖知（智），守之以愚；功被（蓋）天下，守之以讓；勇力撫世，守之以怯；富有四海，守之以謙。此所謂挹（抑）而損之之道也。（《荀子．宥坐》）

這裡說的處於一定地位後，用「挹而損之」的方法來保持適中狀態，同樣合乎中庸的思想，值得人們深思和借鑑。

第二節　無過與不及——中正

中可訓正。許慎《說文解字》於史字下曰：「中，正也。」朱駿聲《說文通訓定聲》曰：「其本訓當為矢著（著）正也」，「著侯（箭靶）之正為中，故中即訓正」。因此，《論語．堯曰》皇侃疏「允執厥中」的「中」為：「中正之道也。」中正是講一個人的行為走正道，言中規，行中倫，表裡一致，名實一致。孔子要求人們，在修養上，內在的修養與外在的修飾吻合起來。他一則說「質勝文則野」，又說「文勝質則史（文諂諂）」，主張「文質彬彬，然後君子」（《論語．雍也》）。在政治生活和社會生活中，他要求用人時才能與職位相符，行為與名分相符：首先，要「選賢才」。認為「政在得人」，得其人而天下治。孔子曾根據《易經》「負且乘，致寇至」的思想，發揮說：「負也者，小人之事也；乘也者，君子之器（名位）也。小人而乘君子之器，盜思奪之矣。」（《周易．繫辭上》）孔子認為政治職位應該君子據有。如果才淺德薄的小人占據了位子，德才與名位不相稱，連強盜也不服氣，思有以奪之。其次，他主張「正名」。他要求人們名實相符，做到「君君、臣臣、父父、子子」，每個階層、每個階級、每一倫理關係中的人們，做到自己的行為與自己的職分、地位和名分相適應，既不過分，也不失職。只有人人扮演好社會分配給他的角色，人盡其職，人守其分，才能言順事成，禮樂興化，社會就會有秩序，天下就可以蒸蒸大治了。他認為，國家政治實際上就是保持中正的過程，只要行中正，安名分，秩序井然，天下就不難實現太平。因此，他說：「政者，正也。子帥以正，孰敢不正？」（《論語．顏淵》）又說：「其身正，不令而行；其身不正，雖令不從。」（《論語．子路》）為政者守中正，不失職，不越分，就能表率天下，風化萬民。

中正的另一含義是在物質享受上合乎身分，合乎禮制。在禮制社會裡，每個等級在物質享受上都有相應的規定，從服飾、車馬、居處到禮樂、文章，都有具體的規範。這既是代表社會等級尊卑的必要措施，也是等級制度的物質反映。《左傳》宣公十二年說：「君子、小人，物有常服，貴有常尊，賤有等威，禮不逆（亂）也。」即指此而言。同時，對一定階層物質享受做出必要的規定，也是生產力不發達的社會保持整個社會物質供應的必要措施。

需求是難以滿足的，人欲更甚，如果統治者任意獲取，貪得無厭，過多地掠奪勞動者的財富，影響他人的生存和幸福，就會激起民變，招來禍患。孔子說：「慢（多）藏誨盜，冶容誨淫。」（《周易．繫辭上》）季康子患盜，問防盜之法於孔子，子曰：「苟子之不欲，雖賞之不竊。」（《論語．顏淵》）可惜統治者很少有人知道這個道理。季孫富比周公，還貪心不足，要冉求幫他聚斂，氣得孔子發誓說：「非吾徒（學生）也！小子鳴鼓而攻之可也！」（《論語．先進》）《鹽鐵論．褒賢》

亦記載：「季、孟之權，三桓之富，不可及也。孔子為之曰：『微，為人臣權均於君，富侔於國者，亡！』」表現出對季孫氏等「三桓」貴族為富不仁的極大憤慨。「三桓」在禮樂享受上也僭於國君。按規定，大夫只能用四八三十二人（四佾）演奏的歌舞，季孫氏卻用八八六十四人（八佾），這是天子才能享用的規格。對此孔子憤憤曰：「八佾舞於庭，是可忍也，孰不可忍也！」（《論語．八佾》）〈雍〉樂是天子用來祭告祖廟的禮樂，「三桓」在祭祀祖先時也用了，樂曲雖然雍容盛美，但不應該由三家大夫享用，於是孔子引用〈雍〉詩中「相維辟公，天子穆穆」兩句，諷刺說：「天子肅穆作祭主，恭謹儐相是諸侯。這怎麼能在三家之堂看見呢？」（《論語．八佾》）對這種過分聚斂、過分靡費、不守禮制之中正的行為，孔子深惡痛絕。這既使禮制紊亂，混淆了上下關係，不利於等級社會的和諧；又過多聚斂，重賦於民，影響人民的正常生產和生活，不利於階級社會的長期穩定。

但是，出於對禮樂的酷愛和對等級的維護，孔子也反對過分儉樸，認為享受和文飾不稱其位，亦有失身分，有違禮儀。從前，楚國有個賢相，叫孫叔敖，修養極高，一心為公。他不念得失，三得相位無喜色，三已（罷）之無憂色。他為相三月，施教於民，吏無奸邪，盜賊不興，在才能上和個人品性上無可非議。但是他生活太儉樸，「妻不衣帛，馬不秣（飼）粟。孔子曰：『不可，太儉極下。此〈蟋蟀〉所為作也。』」(《鹽鐵論·通有》)孔子說孫叔敖過分儉樸，這是〈蟋蟀〉之詩所諷勸的。〈蟋蟀〉是《詩經》的一篇，《詩序》說：「〈蟋蟀〉，刺晉僖公也。儉不中禮，故作是詩以閔(憫)之，欲其及時以禮自虞(娛)也。」晉僖公也節儉，卻不中禮儀，故詩人作〈蟋蟀〉之詩來規勸他，要他遵循禮制，及時行樂。〈蟋蟀〉之詩第一章說：「蟋蟀在堂，歲聿其莫。今我不樂，日月其除。無已大康，職思其居。好樂無荒，良士瞿瞿。」大意是說：蟋蟀室內把身藏，歲末年梢好時光。今日不歡為何事？及時行樂莫惆悵。享受不要太誇張，掌握分寸細思量。君子好樂不荒淫，善良的人啊愛文章。在孔子看來，名實、文質應當相稱，太奢僭禮，固然可非；而過儉不中禮，亦未為可譽。要在乎「無過無不及」的中正之度。

第三節　和而不同——中和

中亦訓和。《白虎通德論·五行》曰:「中央者，中和也。」《論語·雍也》:「中庸之為德也。」皇侃疏亦曰:「中，中和也。」中和是正確處理矛盾，使對立的雙方既相互對立、相互制約，又相互依存、相互促進，和諧地共處於統一體中。差別天然存在，矛盾不可避免，它無處不在、無時不有，如何處理這些矛盾？

先秦法家看到了矛盾的對立性，將它絕對化、擴大化，認為不是甲方戰勝乙方，就是乙方戰勝甲方；不是東風壓倒西風，就是西風壓倒東風，主張採用強硬手段，以嚴刑峻法鎮壓人民。「夫嚴刑者，民之所畏也；重罰者，民之所惡也。故聖人陳其所畏以禁其邪，設其所惡，以防其奸，是以國安而暴亂不起。吾以是明仁義愛惠之不足用，而嚴刑重罰之可以治國也。」（《韓非子·奸劫弒臣》）

道家則無視矛盾，認為矛盾是相對的，可以互相轉化，但不分場合，將轉化視為無條件的、絕對的，將轉化的可能性視為現實性，因而根本提不出解決現實矛盾的辦法。老子說：「禍兮福之所倚，福兮禍之所伏。孰知其極？其無正也，正復為奇，善復為妖。」（《老子》五十八章）

墨家則看到了矛盾的調和性，無視差別，認為矛盾不分主次、不講彼此，都可以和樂地相處，因此，提出「兼相愛，交相利」，「視人之國，若視其國；視人之家，若視其家；視人之身，若視其身」，「為彼，猶為己也」（《墨子·兼愛》中、下）。

法家弊病在於擴大矛盾、增加對立，最後矛盾的雙方也就在尖銳的對立鬥爭中解體和消亡，統治者與被統治者同歸於盡；道家的方法迴避矛盾，但矛盾仍然存在，沒有被解決；墨家的方法不講主客、不分彼此，這不是矛盾對立的實際原因，因而他們「兼愛」的主張也不現實。

唯有儒家，唯有孔子，既看到了矛盾的對立性，又看到了矛盾的同一性，但也看到了矛盾協調共處的必要性。於是，提出了「中和」的方法。中和既不迴避問題、無視矛盾，也不激化矛盾、調和矛盾。它講究的是促成對立面力量的均衡和矛盾雙方的互補。這集中體現在「和同」之辨上，孔子日：

君子和而不同，小人同而不和。（《論語・子路》）

什麼是和？什麼是同？正如匡亞明先生所云：「在先秦時代，人們把保持矛盾對立面的和諧叫做和，把取消矛盾對立面的差異叫做同，和與同有原則的區別。」（《孔子評傳》齊魯書社版）。這一解釋深得聖賢「和同」之旨。《左傳》昭公二十一年，辨析和與同，說得十分具體：

公曰：「和與同，異乎？」（晏嬰）對曰：「異。和，如羹（烹調）焉。水、火、醯（醋）、醢（醬）、鹽（鹽）、梅（酸梅）以烹魚肉，燀（煮）之以薪，宰夫和之，齊（調）之以味，濟其不及，以洩（減）其過，君子食之，以平其心。君臣亦然。君所謂可，而有否焉，臣獻（指陳）其否，以成其可；君所謂否，而有可焉，臣獻其可，以去其否。是以政平而不干（亂），民無爭心。故《詩》曰：『亦有和羹，既戒（敬）既平。鬷（通總）嘏（大政）無言，時（於是）靡（無）有爭。』」

晏嬰說，和就像烹調一樣，美味是不同配料互相調節的結果。政治也如此，君王認為可以的，但實際上存在不妥因素，臣子從相反角度將不妥處指陳出來；反之亦然，君王否定的，但實際上存在可取之處，臣子亦應指出，這就使君王能更全面、更系統地看待問題、做出決策。這就可以從否定性意見中，吸取補益，克服決策的偏見和局限，達到政平而無亂的效果。否則如果君可臣亦曰可，君否臣亦曰否，那就像以水濟水、以鹽濟鹽一樣，無法調出美味，甚而會將問題推向極端，使之達到崩潰的境地。

中和的原理，是利用矛盾的對立性，透過調節取得平衡，這在君臣關係上表現為「和而不同」，在施政方法上又表現為「寬猛相濟」。理想的政治即是不偏不倚、不剛不猛、行乎中正，恰到好處。但現實生活中很難準確掌握中正的分寸，不是寬就是猛，因而補救的措施是「寬猛相濟」。

《左傳》昭公二十年說：

鄭子產有疾，謂子大叔曰：「我死，子必為政。唯有德者能以寬服（治理）民，其次莫如猛。夫火烈，民望而畏之，故鮮死焉；水懦弱，民狎而玩之，則多死焉。故寬難。」疾數月而卒。大叔為政，不忍猛而寬。鄭國多盜，取（搶）人於萑苻之澤。大叔悔之，曰：「吾早從夫子（指子產），不及（致於）此。」興徒兵（發兵）以攻萑苻之盜，盡殺之，盜少止。仲尼曰：「善哉！政寬則民慢，慢則糾之以猛；猛則民殘，殘則施之以寬。寬以濟猛，猛以濟寬，政是以和。」

這則故事充分表明了孔子的中和思想。子產是春秋時期鄭國政治家，他惠政愛民，孔子稱他為「惠人」，並說他「有君子之道四焉：其行己也恭，其事上也敬，其養民也惠，其使民也義」(《論語 · 公冶長》)。子產的政治特色是寬。但由於他兼有恭、敬、惠、義的仁者特質，因而寬政得恰到好處，鄭國大治，此之謂「行中正」。但是子太叔德不及子產，不善於掌握分寸，行寬政而導致軟弱，故鄭國多盜，後來只好使用剛猛手段，使寬政不致於軟弱。一寬一猛，迭相參用，從而達到不慢不殘的中和尺度。

由此可見，實行寬政、保持中和的狀態，這要求統治者具有很高的修養，進行綜合治理；施行猛政，而先設其禁，以威守之，保證社會等級和階級的堤防不被衝決，簡便易行，因而成為中智、無德之人治理天下行之有效的方法。

第四節　無可無不可——時中

時中，即適時用中，也就是看準時機，運用中德。《禮記·中庸》引孔子說：「君子之中庸也，君子而時中」即是此意。用中還要視時間、地點、對象而定，因時制宜，即中庸的靈活性；當行則行，當止則止，亦即孔子自稱的「無可無不可」。在《論語 · 微子》中，孔子曾評價歷史上的幾位大賢說：

> 不降其志，不辱其身，伯夷、叔齊與！謂：「柳下惠、少連，降志辱身矣，言中倫，行中慮，其斯而已矣。」謂：「虞仲、夷逸，隱居放言，身中清，廢中權。我則異於是，無可無不可。」

孔子認為，古代這幾位大賢，都各有優點，不仕亂世，也不仕新朝，餓死首陽山的伯夷、叔齊，不降低志向，不玷汙身分，保持了清名；柳下惠、少連雖降志辱身，出仕於汙濁的朝廷，但不同流合汙，言論得體，三思而行，委屈求全；虞仲、夷逸隱居不仕，橫議古今，立身清高，不事王侯，高尚其事，自由自在。孔子自己則「無可無不可」，不執一端，不死守一種形式。他既不做伯夷、叔齊那樣純粹避世的隱士，也不做柳下惠、少連那樣的委屈求全的循吏，也不做虞仲、夷逸那樣巖下放言、不負責任的狂人。他不抱一走極端，出處進退，全視時機而定。他既以教書為業，又當過大夫，位至攝相；四處流落，也曾被待以厚禮，受聘而不赴……他在齊國不受重視，撈起正在鍋裡煮飯的米，義無反顧地離開了；在魯國受冷落，也不等脫冕辭職便駕車出走。而當將離國境時，他卻一步一回頭，又是戀戀不捨的樣子。他說：「遲遲吾行也，去父母國之道也！」

孟子說：「可以速而（就）速，可以久而（就）久，可以處而處，可以仕而仕，孔子也！」又說：「伯夷，聖之清（清高）者也；伊尹，聖之任（負責）者也；柳下惠，聖之和（隨和）者也；孔子，聖之時（適時）者也！」（《孟子．萬章下》）「聖之時者」，即聖人中最能按適時執中原則辦事的人。孔子的一生，恰好是「聖之時者」的生動說明。

時中，又表現為待人處事的權變、靈活。孔子曾說：「可與共學，未可與適道；可與適道，未可與立；可與立，未可與權。」（《論語．子罕》）適道，即達到聞道境界；立，即有所建樹；權，即靈活性。原則性的內容（或規定）叫「經」，根據具體情況而採取的靈活措施是「權」。原則性應該遵守，但死守教條，不知具體問題具體分析，不能因時制宜，那也不利於事業和行道。孟子說：「執中無權，猶執一也。所惡執一者，為（因）其賊道也，舉一而廢百也。」（《孟子．盡心上》）遵禮，本是孔孟所提倡的，但只知守禮而不知權變，株守一律以應萬變，勢必刻舟求劍、膠柱鼓瑟，難以實行。比如「男女授受不親，禮也（為經）。嫂溺（淹），援之以手者，權也」（《孟子．離婁上》）。男女授受不親這是禮之大防，但是看到嫂嫂掉到井裡也不伸手拉上來，也就未免愚蠢了。靈活機動，具體問題具體分析，這是中庸法則活的靈魂。

孔子在教學中成功地貫徹了「時中」的精神。孔子本以「聞道」、「知天命」為學習的最高境界，認為「不知命無以為君子」（《論語．堯曰》）。但他並不強求人人聞道、個個知命，而是根據智商的高低分別告以不同的內容：「中人以上，可以語上（道）也；中人以下，不可以語上（道）也。」（《論語．雍也》）他認為：「可與言而不與之言，失人；不可與言而與言，失言。知者不失人，亦不失言。」（《論語．衛靈公》）因材施教，這正是時中之法在教學中的成功運用。

第五節　憎恨老好人——反對鄉原

孔子的中庸思想，是一個比較成熟的對待矛盾、處理矛盾的思考方法和處世藝術。如上所述，中庸主要包括四個方面，即適中、中正、中和、時中。其中適中是最基本的，其他三項都從屬於適中，是在適中原則下的具體應用和靈活處理。適中要求人們的言行掌握分寸，做到無過與不及，恰到好處；中正，是在適中的指導下，要求人們言行合乎規範，名實相符，行中正，無偏倚；中和，是保持矛盾雙方力量對比平衡的方法，也是適中原則在處理矛盾時的具體應用；時中，講靈活性，要求人們的行為合乎時尚，適宜於對象，在執中時具體問題具體分析，這是適中在處事中的靈活運用。核心是「適中」，其他三者都是「中」的不同應用。

孔子的中庸思想，是建立在對矛盾問題認知比較正確基礎之上的產物。它正視矛盾，不迴避矛盾；它承認矛盾有差異性、有鬥爭性，因而提出減輕鬥爭性的「適中」法；它也關注矛盾的同一性，因而欲發展同一性，提出「中和」法；它也承認矛盾的特殊性，要具體問題具體分析，因而提出「時中」法。中庸思想並不調和矛盾，相反地，它具有堅定的原則性和規範性，這個原則就是義，這個規範就是禮，認為各階層都應遵禮守義，故孔子又提出「中正」法。孔子還認為掌握中庸分寸的客觀標準就是禮，他說：「禮乎禮！夫禮所以制中也！」

(《禮記·仲尼燕居》)可見，中庸是有原則的，不是「和稀泥」。

孔子最推崇的「中庸」之法，由於要求很高，故很少有人做到。他那句「中庸之為德也，其至矣乎！民鮮能久矣」的感慨，表達了對世人難臻中庸佳境的滿腹遺憾。既然「民鮮能久矣」，難得中庸，那就只好退而求其次了。他說，與中庸相臨的思想方法和處世態度是狂、狷。如果做不到中庸，就取其狂、狷。「不得中行而與之，必也狂狷乎！狂者進取，狷者有所不為也。」(《論語·子路》)孔子說，如果不能與中庸之人相處，非讓我選擇其一的話，我情願選狂狷之人，狂者積極進取，有所作為；狷者潔身自好，有所不為。狂，即志大而急躁，大概如子路；狷，即潔身自好不大進取，大概如冉求。唯獨反對那種既做不到中庸，又不願做狂狷之人，卻貌似中庸，此即孔孟深惡痛絕的「鄉原(愿)」。「鄉原，德之賊也！」(《論語·陽貨》)何為「鄉原」？為什麼是德之賊呢？因為它似德而非德，貌是而實非。孟子曾刻劃「鄉原」的形象說：

> 非之無舉也，刺之無刺也，同乎流俗，合乎汙世，居之似忠信，行之似廉潔，眾皆悅之，自以為是，而不可與入堯舜之道，故曰「德之賊」也。(《孟子·盡心下》)

「鄉原」之人是那樣一種人：你想非議他，他卻沒有明顯的錯誤；你想諷刺他，他又沒露出明顯的把柄。他與流俗相應和，與汙世相浮沉，居於鄉里貌似忠信，行之邦國又似乎很廉潔，平庸之輩都喜歡他，他也自鳴得意、自以為是。這種人是不合乎儒家理論的，因為他表面上表現很好，內心卻毫無修養；他雖然得到一些人歡迎，但那是靠同流合汙換取的平庸之輩的欣賞。

「鄉原」一個最大的特徵是沒有原則，沒有是非，一味地討好、巴結世人，逢人一番笑，無事話天涼，脅肩諂笑，求得青睞和注目，這與儒家提倡的「君子之於天下也，無適（遷就）也，無莫（決絕）也，義（原則）之與比」（《論語．里仁》），完全是格格不入的。這種人與「損者三友」〔即「友便辟（諂媚奉承），友善柔，友便佞（誇誇其談）〕（《論語．季氏》）一樣，於事無補，於人有害。

「鄉原」之人在漢代已被稱「中庸」了。東漢末有位胡廣，大概就屬於此類。當時京師有諺語曰：「萬事不理問伯始，天下中庸有胡公。」胡廣字伯始，《後漢書》說他溫柔謹厚，言遜貌恭；明於朝章，練達世事。東漢末年，外戚專權，宦官為禍，黨錮成災，名士貶死，他卻歷事六帝（安、順、衝、質、桓、靈），禮遇逾隆，是位善於宦海浮沉的不倒翁。他並不壞，但也稱不上好，為官的訣竅即是遇事庸庸，在大是大非面前從不表態，更不敢堅持真理。在中國歷史上，能夠像胡廣那樣固位保祿的官員，恐怕只有五代時歷仕五姓的馮道才堪與之匹敵。不知為何，像胡廣的這種德行，卻可以被戴上「中庸」的桂冠，實在是對孔子中庸學說的褻瀆。這從另一個側面說明，中庸之德已久絕人世，連後人也不知為何物了。

在孔孟看來，「鄉原」之人比明目張膽的惡人害處更大。他們貌似忠信，貌似廉潔，貌似有德，比明面上的壞人惑人更多，為害更大。孔子非常討厭這樣的人，就是出於「惡似而非者」的考慮。人們「惡莠（狗尾草），恐其亂苗也；惡佞，恐其亂義也；惡利口，恐其亂信也；惡鄭聲，恐其亂樂也；惡紫，恐其亂朱也」，同樣，「惡鄉原」就是「恐其亂德也」。

對於「鄉原」之人，孔子避之唯恐不及，說：「過我門而不入我室，我不憾焉者，其唯鄉原乎？」（《孟子．盡心下》引）孔子對無原則的「鄉原」如此深惡痛絕，後之人反而將孔子的「中庸」與這樣的品行畫上等號，豈不冤哉！

第六章　天人：孔子的天命觀

天命觀是關於人與天地、人與自然關係的問題。天命觀反映了人類認知水準的高低，它影響人類在改造自然和利用自然活動中所採取的方式和方法，影響人類理解自然和征服自然的深度和廣度，它也決定人類文明進步的軌跡，規範人類文明的文化模式。孔子是中華的聖人，是儒學的先師，由於他的思想是儒學的主導思想，因此他的天命觀也影響了中華文化的各個方面，成為人們認識中華歷史、評價中華歷史的重要參考。長期以來，由於古文表達的模糊性和多義性，學人們對孔子關於天命論述的理解多歧，見仁見智，褒譏貶絀，在所難免。我們希望透過對孔子天命言論的排比綜合，客觀地理出一個頭緒，以幫助讀者了解和評價孔子的天命思想，同時也為讀者在進行哲學思考時提供一個有益的參考。

第一節　從「子罕言」說起

《論語．子罕》第一句話即說：「子罕言利，與命與仁。」說孔子很少說「命」和「仁」、「利」這類的話題。孔門「十哲」之一的子貢也說：「夫子之文章可得而聞也，夫子之言性與天道不可得而聞也。」（《論語．公冶長》）說沒聽過孔子談「性」

與「天道」問題。孔子似乎絲毫不關心天道（或天命）這個有關自然和社會規律以及人類本性的問題，只注重具體的禮樂規範、繁文縟節等細枝末節的問題。黑格爾也說：「孔子只是一個實際的世間智者，在他那裡思辨的哲學是一點也沒有的 —— 只有一些善良的、老練的、道德的教訓。從這裡，我們不能獲得什麼特殊的東西。」（《哲學史講演錄》第一卷第119頁）誠然，孔子是一位世間智者，由於拯救亂世的需求，其注意力多集中在人倫和政治方面，對宇宙的本體、自然的規律以及邏輯的思辨言之甚少，更無具體的論證，以至於從保留下來的孔子的所有言行中，很難找到有關這些方面的完整答案。但是，身為一位世間智者，孔子以天縱的智慧、好學不倦的精神、深思熟慮的態度，在從事廣泛的學習、積極的探索和廣泛的實踐之後，對具體知識背後的普遍性，對天、地、人的規律性（即道），有所體驗，有所認識。

事實上，孔子本人把學習分成兩大階段，即「下學」和「上達」。「上」、「下」即《周易．繫辭》所謂「形而上者謂之道，形而下者謂之器」的「道」和「器」。道與器的關係，即普遍規律和具體事物的關係。「下學」即學習以物事為主體的具體知識，這是「博學」；「上達」即聞道，是參知以天道為主體的普遍規律。孔子自云「下學而上達」（《論語．憲問》），「五十而知天命」（《論語．為政》）；並且十分推崇「上達」（即聞道），認為「朝聞道，夕死可矣」（《論語．里仁》）；進而以

「上達」與否，作為君子、小人的分水嶺。他一則曰：「君子上達，小人下達。」(《論語・憲問》)一則曰：「不知命無以為君子。」(《論語・堯曰》)一則曰：「君子有三畏：畏天命，畏大人，畏聖人之言。小人不知天命而不畏也，狎大人，侮聖人之言。」(《論語・季氏》)可見，他對「知天命」、「聞道」再三致意，傾注了極大熱情，甚至不惜以生命殉之。這自然不能說孔子不重視對規律的探索和聞知。

至於《論語・子罕》所謂「罕言」、《論語・堯曰》所謂「不聞」，當從孔子因材施教法上加以解釋。孔子認為「唯上智與下愚不移」(《論語・陽貨》)，故「中人以上可以語上(道、天命)也，中人以下不可以語上也」(《論語・雍也》)。孔門弟子三千，智愚不齊，其中不得與聞與命與天道(即「上」)者，當然就不乏其人。事實上，從今天保留下來的孔子言論中，不僅言仁、言性，亦言利，並且談天稱命、論道說理，也屢見不鮮。

第二節　孔子的天道自然觀——天何言哉，四時行焉

墨子曾批評儒家說：「儒以天為不明，以鬼為不靈，天鬼不說。」與墨家的天道鬼神說不同的是，儒家的天道觀更具有物質性。「天道」，在孔子的語言詞典中，又稱「天」、「道」

或「天命」、「命」。「天」、「道」同義，是「天道」的簡稱或異名。「天命」是「天道」的分殊，《大戴禮記．本命》說：「分於道謂之命，形於一謂之性。」《禮記．中庸》說：「天命之謂性，率性之謂道。」即是說：「命」或「天命」是道（或天道）分化出來作用於人的內容；「性」則是受天道統率支配而形成的人類特質。天命即是天道的人文化，人文化的天道即謂之「天命」（或命）。在今傳《論語》中，孔子雖然很少，或根本沒有對天道、天命是什麼加以解釋，更無準確的界定，但透過孔子使用這些概念的具體處境，我們不難歸納出它們的基本特色和基本內容。孔子使用「天命」（或命）、「天道」（或天、道），主要有以下處境：

一是處於逆境，自堅自慰。那是孔子為魯大司寇攝相之時，他推薦子路當季孫氏的家宰，隳三都，尊公室，事業蒸蒸日上大有希望。公伯寮卻向季孫氏告子路的狀，挑撥季氏與孔子師徒之間的關係。這事關孔子新政前景能不能得到季氏的支持、事業是否能順利進行下去的問題，因此，當子服景伯將這一不幸消息告知孔子時，孔子順口說：「道之將行也與？命也。道之將廢也與？命也。公伯寮其如命何！」（《論語．憲問》）一切都是命中注定，公伯寮能把我怎麼樣呢？

孔子流亡途中，險象環生。自衛適陳，途經於匡，被匡人當成陽虎圍了起來，五天五夜不得脫身，生死難卜。孔子曰：「文王既沒，文不在茲乎？天之將喪斯文也，後死者不得與於斯文也；天之未喪斯文也，匡人其如予何？」（《論語·子罕》）上天已將復興斯文的使命賦予我了，匡人是奈何不得的。

繼而到宋，習禮於大樹之下，跋扈的宋國權臣桓魋率眾趕來把大樹拔倒，並揚言將加害孔子。弟子勸其速行，孔子曰：「天生德於予，桓魋其如予何！」（《論語·述而》）上天生就我美德，桓魋是無法干擾的。

二是被人誤解，指天以發誓。孔子寄居衛國，不得已謁見風流的南子，子路不悅，孔子發誓說：「予所否者，天厭之！天厭之！」（《論語·雍也》）相同的觀念另有二事：衛臣王孫賈問孔子：「與其媚（取悅）於奧（室內西南角之神），寧媚於灶，何謂也？」孔子曰：「獲罪於天，無所禱也！」（《論語·八佾》）孔子病，子路使門人為臣，孔子曰：「無臣而為有臣，吾誰欺？欺天乎？」（《論語·子罕》）老天正直無私，明白無欺。

三是困惑之時，責問於天。在現實生活中，許多不合邏輯的事情令人不能理解，孔子遂浩然長嘆，責問於天。他喜愛的弟子冉耕（伯牛）患有惡疾，孔子探望，「自牖執其手，曰：『亡之，命矣夫？斯人也而有斯疾也！斯人也而有斯疾也！』」（《論語·雍也》）孔子曾說過「仁者壽」，可「三月不違仁」的高足顏回卻英年早逝（40歲），孔子嚎啕痛哭，連呼：「噫，天喪予！天喪予！」（《論語·先進》）顏回一生追隨孔子，兢兢習道，卻終身窮困，四壁蕭然；子貢常常中途輟學，棄文經商，不從正道而家累千金。「德潤身，富潤屋」，「周有大賚，善人是富」，一點都不能兌現這些古訓，孔子惑之，曰：「回也其庶（近道）乎！屢空。賜（子貢）不受命，而貨殖焉，億則屢中。」（《論語．先進》）

四是用天為則，以天為法。孔子認為天行有度，人可以效法天行，上古帝堯就是法天的典型：「大哉堯之為君也！巍巍乎！唯天為大，唯堯則之。」（《論語．泰伯》）並轉述堯命舜的話說：「咨爾舜！天之歷數在爾躬，允執厥中。四海困窮，天祿永終。」（《論語．堯曰》）法則天行，不限帝王，有心者為之，人皆可以為堯舜。孔子曾對子貢說：「予欲無言。」子貢曰：「子如不言，則小子何述焉。」孔子曰：「天何言哉？四時行焉，百物生焉。天何言哉！」（《論語．陽貨》）並且認為，一個人一旦認識了天道，明乎利鈍窮通，他就成了一個無怨無尤、不憂不懼的自由自在的人了：「不怨天，不尤人，下學而上達，知我者其天乎？」（《論語．憲問》）人若知天，天亦知人，天人交往，人天合德。這大概是孔子知道的最高境界，即《禮記．中庸》所謂「贊天地之化育」，「與天地參」。

第三節　不知命無以為君子

由上面的羅列可知，第一種情況是將天道（或天命）當作力量的泉源和成功的後盾，認為天道（或天命）不可抗拒，具有所向披靡的威力，是最終的、必然的決定力量。第二種情況是將天道（或天命）視為正義、善良的化身，具有標準的、權威的、最後的仲裁力。第三種情況是在天道（或天命）之必然性或可能性得不到實現，甚至向相反方面發展時，對天道（或天命）提出了一種質問和慨嘆。第四種情況是對天道（或天命）的物質性、規律性（或天所具有的自然特徵和必然趨勢）的認知，即孟子所謂：「莫之為而為者天也，莫之致而至者命也。」（《孟子．萬章上》）這是孔子最基本的、最本質的天道（或天命）觀念。

《禮記．哀公問》載，「公曰：『敢問君子何貴乎天道也？』孔子對曰：『貴其不已，如日月東西相從（續）而不已也，是天道也。不閉（塞）其久（恆久），是天道也。無為而物成，是天道也。已成而明（明照萬物），是天道也』」。指出天道有規律性（日月東西相從）、永恆性、必然性（不閉其久）、自然性（無為而物成）等特徵，與孟子的解釋完全相同。雖然這段話不一定是孔子所說，但與孔、孟天道自然的思想並不相違。將天道視為自然規律，具有客觀性、必然性，是儒家思想的主要特色。前三種情況的種種議論、感慨和質問，都是以第四種認知為基調和出發點的，若將這一觀念套入前三種情況的每一次論述中，都若合符節，無不貫通。

於此，我們可以大概勾勒出孔子天命觀的思想軌跡：孔子透過博學、體驗、深思和歸納，理解了天道所具有的物質性（「天何言哉」）、規律性（「四時行焉」）和必然性（「百物生焉」），並體會到天道對人這個天之驕子具有決定和強制的作用，這就是「分於道」的天命。伴隨孔子對天命的感知，他敏銳地意識到身為天地造化精靈的人，具有體會天道、效法天道，並且贊成天道（「贊天地之化育」）的責任，這就是法天制行、替天行道的使命。他認為，一個君子就是要善於體會天道，認識天命，用天道來完善自己，並行道以完成使命。這就是他「畏天命」、「不知命無以為君子」諸說的命意所在。

孔子本人在「五十而知天命」後，出於對使命的敏銳感受，再也不安於「隱居以求其志，行義以達其道」的淡泊生涯，積極入世，汲汲救世，甚至不嫌叛臣公山不狃之召，不棄中都宰之微，勤勤懇懇，兢兢求治，終於位至大司寇兼攝相，做出了一番非同尋常的事業。在魯國失意後，他不惜拋家棄口，背井離鄉，輾轉數千里，歷時十四年，歷干七十餘君而無所遇……所有這些，無非是受天命的驅使，欲求立足用武之地，以便替天行道，以「行其義」而已。

出於對天道（或天命）的客觀必然趨勢的認知和體驗，孔子對自己確定的使命——即透過「克己復禮」，實現有人性（仁）、有秩序（義）的和諧社會——的正確性和可行性，也堅信不疑。在他看來，既然使命是天命之所賦，天命又是分之於道而作用於人的（「分於道之謂命」）必然力量，那麼，他的使命也就具有客觀必然性和現實可行性。因此，無論他在亂中求治的過程中遇到多麼大的阻力、多麼大的打擊、多麼嚴峻的危險，他都堅信自己這位替天行道的使者，一定會逢凶化吉，轉危為安；自己的使命也一定會實現（或在他的現世，或寄諸子弟和來人）。在周遊列國時，儘管屢屢畏於匡，逼於宋，困於陳蔡，他都信念堅定，毫不動搖，雖粒不入口，羹不沾唇，面有飢色，仍講學論道不已，弦歌之音不絕。他以聞道為極致，以行道為歸宿，以追求道的實現為樂趣，「發憤忘食，樂以忘憂，不知老之將至云爾！」表現出崇高的以身殉道、捨生取義的自我獻身精神。

出於對天道（或天命）這個自然規律必然趨勢的認知，孔子認為天道是公正無私的，是一切真善美的力量泉源，從而把天道作為人間善惡的尺度和是非曲直的最後裁決。建立在天道公正無私觀念基礎上的另一個結果是：他自己的主張體現了天命的使命也是正確無誤的，儘管他的主張一次又一次碰壁，但他認為上天要我去替天行道、亂中求治，這是天命的安排。於是，又進入一個「不怨天，不尤人」，「樂天知命故不憂」的境界。

可是，當時的現實違反他想像和主張的事太多了，不合乎他所理解的天命的東西太多了，於是，他不能不對這種局面有所困惑，不能不對天命可行而未行發幾多感慨和一番浩嘆。

這就是孔子從認識天道這個自然規律所具有的物質性和必然性始，進而體會天命和使命，並堅信其使命的正確性、必然性和可行性，到身體力行，汲汲以求，希望將這種可能性轉化為現實，最終卻在理想與現實的嚴重衝突下，以「莫我知也」而告終的思想軌跡和行動邏輯。

第四節　繼承與發展——孔子思想特殊的東西

孔子的天道觀（或天命觀），具有兩大顯著特徵，即歷史繼承性和歷史創造性的統一，天道客觀性與人類能動性的統一。前一個特點促成了中國思想界從神學階段向理智思考階段的轉化，孔子思想正好具有劃時代的意義，成了中國思想史的一座巍峨豐碑。後一個特點促成了天人的合親，是中華天人合一思想之濫觴，成為影響中華文化至深的主要觀念。

根據當代哲學界比較公認的看法，人類思想的發展經歷了三個階段，即神學階段、形而上學階段和實證階段。神學階段本身又包括三個時期：拜物教的或萬物有靈論的時期，多神論時期和一神論時期。拜物教相信物質對象都具有感覺和意志，這是尚未從自然界區分出來的原始人（或野蠻人）將自己的形象幻化和移贈給物質對象的共同特徵。多神論相信有眾多的神靈統轄著各個不同的領域，分別干預著不同的事情，並影響人的生活。流傳至今的山神、河伯、風神、雷公、雨師之類，以及有關三皇五帝時期的種種造物的神聖，當是這多神論觀點的孑遺。一神論認為在眾神中有一個絕對權威的上帝（或天神）統治著人們活動和理念所達的一切領域。殷人的帝（上帝）、周人的天（或皇天上帝）即是這一觀念的集中反映。形而上學的階段，人們不再將世界理解為神聖（或人格的上帝）的創造，也不受它的統治。取而代之的是對產生萬物的第一本原的假定，認為萬事萬物（包括天地）都是這個第一本原的產物。在中國，老子的「先天地生」的「道」即是這一階段最受歡迎的說法。實證的階段，即是用科學的方法論證現實，並揭示改造現實的支點，用孔德的話說：這是達到完美的階段，它要除破形而上學的解釋，更重要的是，顯示了人類要達到絕對的和必然的真理的雄心。這就是以現代科學為主要代表的認知階段。如果說在神學階段思維是宗教狂熱的，形而上學階段是思辨的，這一時期的思維則是理智的或理性的。

雖然公認的科學階段的到來是十九世紀的事情，但作為對天道自然規律的朦朧認知和運用理智（或理性）的思維，卻早在春秋時期就產生了。與孔子同時偏早的子產即提出「天道遠，人道邇，不相及也」（《左傳》昭公十八年）。這表明人類已自覺地從自然界中分離出來，有了獨立自覺的自我意識；並且還表明，人類已理解到自然（天）以及人類社會的執行和發展是有規律（道）可循的。正是孔子及時將人類的這一自覺意識轉化為理智的思維，才避開了老子「道」這個形而上學觀念的泛濫，使中國提前進入理智思維時期，一定程度上避免了形而上學觀念的統治之苦，這不能不說是孔子對中華文化的偉大貢獻。

孔子是如何實現這一歷史的繼承與創造之統一的呢？

繼承歷史上舊有的名詞和表達形式，並對舊名詞的內涵加以改造。作為哲學概念的「天命」、「天」、「命」，在孔子以前，都表現為人格神和上天，是超人的意志、力量和權威的綜合體。《尚書·召誥》說，「唯不敬厥（其）德，乃墜其命」，「皇天上帝，改厥元子茲大國殷之命」。《泰誓上》說，「民之所欲，天必從之」。康王時的《大盂鼎》亦曰，「不（丕）顯文王，受天有大令（命）」。《詩經·大雅·文王》曰，「天命靡常」。無不如此。孔子繼承和沿用了這些名詞（或符號），也沿用了這些表達方式（如「天生德於予」、「天厭之」、「天喪予」等），卻對這些概念灌注了新的內容，那就是用天道來充實和統率天命（「分於道之謂命」），天命是分之於天道而作用於人的內容，天命成了自然性（天）和必然性（命）的代名詞，《孟子·萬章上》所謂「莫之為而為者天也，莫之致而至者命也」即是孔子這一思想的確詁。舊瓶裝新酒，舊形式盛新內容，這是《周易》所謂「神武而不殺」智慧的傑出妙用。匡亞明先生說：「（孔子）以舊觀念（應作舊名詞——引者）

肯定和安慰人們的宗教情感，用新觀念論證和指導人的現實行動，力求兩者的並存與協調。」（《孔子評傳》第 211 頁）可謂知人之談。

伴隨著歷史繼承性與創造性的實現，孔子天道觀又實現了天道客觀性與人類能動性的統一。孔子借用先前天命決定人事的表述形式，賦予天道（或天命）自然性、客觀性和必然性的內容，認為天道的客觀規律性透過「天命」的形式影響和決定人的活動；認為這種客觀性和必然性具有不可欺、不可犯、不可違背，更不可逆轉的性質和威力。從而克服了子產「天道遠，人道邇，不相及也」將天道與人道絕對分開以導致違背自然規律的傾向。孔子使天道與人道結合，實現了人與天的合作與和諧。

但是，在天面前，人又不是天的奴僕，而是具有認識天道、效法天道、利用天道，促成人事以贊成天道的主觀能動性。在強調天道客觀性的同時，孔子又高揚起人的能動作用的旗幟，認為「人能弘道，非道弘人」（《論語·衛靈公》），「唯天為大，唯堯則之」（《論語·泰伯》），並自誓要法天之「無言」（自然性），循其規律以生成萬類，成就事業。在具有絕對權威的天命面前，孔子從來不是宿命論者，不坐享其成或坐以待斃。他積極進取，奮鬥不息，竭盡人事，樂以忘憂。

相傳，魯哀公問孔子「多智慧的人長壽嗎？」孔子曰：「然。人有三死而非命也者，自取之也。居處不理，飲食不節，勞過者，病共殺之；居下而好干（犯）上，嗜慾無厭，求索不止者，刑共殺之；少以（而）敵眾，弱以侮強，忿不量力者，兵共殺之。故有三死而非命者，自取之也。」（《韓詩外傳》一，亦見《說苑．雜言》）。富貴壽夭，傳統的觀念皆以為有一定的天分，孔子卻對壽夭問題，做出了新的解釋，認為人不正當的行為（即過勞、多欲、不自量力地逞強）是減壽的三種死因，乃自取滅亡，完全與命運無關。反之，如果勞逸有度、少嗜寡欲和謙和處世，那就可以獲得永年了。固然有命的存在，但善於認識而掌握之，盡人事，順天道，那麼，必然福祿壽禧，自天而降，這樣既實現了人與天的統一，也充分肯定了人的主觀能動性。實得天人相與之三昧。

孔子不僅重視天道，也懂得天道是什麼，即自然性、規律性和必然性。由於當時以強淩弱，以眾暴寡，上篡下替，倫理蕩然，禮壞樂崩，秩序大亂的社會實際，人們要求知道的不是為什麼，而是怎麼辦？也由於他本人所受社會文化薰染的緣故，孔子沒有對天道是什麼、規律是什麼做出深入解讀，因而在了解自然、研究自然方面留下許多空白，並對後來的中國社會和中國思想界產生了一些負面影響。這當然是他的不足，也是中華文化史的一大遺憾。但是，孔子幽然地感知了天地自然有一種必然性、規律性（即天道），敏銳地察知天人之間有某種連繫，即天道以天命的形式作用於人，朦朧意識到人類社會也有某種必然性、規律性（即人道），並認為人可以認識天道，效法天道，利用天道，並贊助促成天道。天與人是一個系統，天人相互作用。人的價值就在於及時而準確地察知天道、天命（「不知命無以為君子」），將天命化為使命，替天行道，以身殉道。

人是天地造化的傑作，又是天地造化的贊成者；人是「分於道」的「天命」的化身，又是「弘道」的精靈。如果說，在孔子的天道觀中，天道是權威的、絕對的，也是正義的、善美的力量的話，那麼，人就是駕馭這些權威，實現這些正義和真善美的活潑的精靈，既不失天道客觀性，又不失人類靈活的能動性。這與其說是對上天造物之讚美，不如說是對人類精靈的頌歌。

第七章　德治：孔子的君德論

美籍學者陳榮捷說：「孔子最關心的是一個以良好的政府與和諧的人倫關係為基礎的良好的社會。為了這個目的，孔子主張一個良好的政府應該是用德行和道德榜樣來治理，而不是用刑罰和暴力。」這段話深得孔子政治思想之精髓，是對孔子德治、仁教政治思想的準確表述。本書準備從德治和仁政兩個方面來敘述，這裡先談德治，即政治修養。

孔子曰：

為政以德，譬如北辰，居其所而眾星共（拱）之。（《論語．為政》）

意即：用良好的德行來從事政治，就像天上的北斗星，靜靜地處於它的位置上，列辰眾星無不拱衛著它。這是孔子關於德治的生動說明。孔子認為一個合格的統治者，必須是政治修養（即德）十分高尚的君子，君子居位天下人就心悅誠服，國家就不難大治。否則，如果是小人居大位，天下就不服，甚至會釀成大禍。《周易．繫辭上》記載孔子曰：「作《易》者，其知盜乎！《易》曰：『負且乘，致寇至。』負也者，小人之事也。乘也者，君子之器也。小人而乘君子之器，盜思奪之矣。上慢下暴，盜思伐之矣。慢藏誨盜，冶容誨淫。《易》曰：『負且乘，致寇至。』盜之招也。」「負且乘，致寇至」是《易經・解卦》六三爻辭，意即：背著沉重的包袱（小人之事）坐在華麗的大車（君子之乘）上，太不協調，強盜見了，知道財物非其所有，必然起而奪之。孔子從這個故事引發出深刻的政治學說：如果一個品德卑汙的小人占據了君子的位置，連強盜心裡也不舒服，必然起來推翻他。如果小人在上，胡作非為，那麼，強盜也會起來討伐他。德不稱位，名不符實，得到越多，失敗越慘，爬得越高，跌得越重。可見德是何等重要。

孔子常常教育弟子，「不患人之不己知，患不知人也」（《論語・學而》），「不患無位，患所以立」（《論語・里仁》）就是強調人們要加強品格修養，做到德稱其位、名副其實。那麼，德是什麼呢？孔子的君德思想又是怎樣的呢？

第一節　德的釋義

德，古書中常以「得」訓之。得有雙重含義，一是獲取，一是贏得。獲得，指事物從道所得的特殊規律或特性。《管子・心術上》曰：「德者，道之舍，物得以生……故德者得也。得也者，其謂所得以然也。」天地規律曰道，道具有最高的、最後的支配力量和決定權力。德是具體事物稟賦於道而形成的特殊性。

《禮記．中庸》說：「天命之謂性，率性之謂道。」《大戴禮記．本命》說：「分於道謂之命，成於一謂之性。」所言性、命與道的關係，和德與道的關係相似。道、德、性、命是相關連又相區別的概念。道，導也。德，得也。性，生也。命，令也。道本義是路，路的功能是引導人們通向目的地。因此，作為普遍規律的道亦具有最高決定和最高主宰的內容。德，是道在具體事物中的體現（「德者道之舍」），是具體事物稟受於道的特殊規定或特性。性，是道所促成的形成事物的特質。命，是分受於道的必然性或使命。德、性、命三者，同是道的產物，是同一層次的東西從不同角度的命名。性，強調的是特質，道體現在不同事物中，都有不同的特質，是這些特質的差異，形成了形形色色的事物。命，強調必然性，道賦予不同事物以不同的必然性，從而使事物經歷著不同的發展軌跡。德，強調功能性，道的普遍規律和客觀必然性，正是透過大大小小的特殊規律和特殊功能體現出來的。德與道的關係是普遍與特殊、整體與個體的關係，也是體與用的關係。道是體，是元君；德是用，是臣僕。如果說道是萬物生成的原動力的話，那麼德就是這種生成的催化劑，它的功能得之於道，又助成道實現生成的偉業。因此，《老子》曰：「道生之，德畜之……萬物莫不遵道而貴德。」（五十一章）《莊子．天地》亦曰：「物得以生謂之德」，「形非道不生，生非德不明。」《管子．心術上》亦曰：「虛無無形謂之道，化育萬物謂之德。」《韓非子．解老》更明確地說：「道有積（勢能）而德有功，德者道之功。」德實際成為了替天行道的使者，成為了萬事萬物的司命。

德既然是道之用，是道生成之功的助成者，那麼，它必然贏得一定的報答，這就賦予了德（得）「贏得」之義。贏得，是就德的生成之功所達到的效果而言的。《說文解字》訓「德」：「外得於人，內得於己。」《釋名》曰：「德，得也，得事宜也。」《鶡冠子·環流》曰：「所謂德者，能得人者也。」皆是此義。一個人的行為舉止合乎事宜，內無愧於心，外無愧於人，人民必然擁護他，他就會贏得人民的愛戴和崇敬，這就叫有德。

可見，德是得之於道的一種功能，是助成道的必然性和規律性得以實現的忠誠的天使。順承天道，遵奉天命，言行得宜，事事得體，萬物化生，天下服順，這就是有德。上得功能於道，下得擁護於民，這就是「德者得也」的確詁。

德為道之舍，道寓於萬物萬事，天地人民，莫不稟賦著大大小小、形形色色的德。天地有天地之德，如《周易．繫辭上》曰：「天地之大德曰生。」具體事物亦有具體事物之德，如《周易．繫辭上》又曰：「卦之德圓而神，筮之德方以智。」可見，卦象、筮法皆有自己的德。人類當然也有特殊性，有自己的德，君有君德，民有民德，夫有夫德，婦有婦德……怎樣的德才是適應人類社會進步發展的理想之德呢？

先秦時期的思想家，對人類的德提出了許許多多、形形色色的界定。

《左傳》文西元年日：「忠，德之正也；信，德之固也；卑讓，德之基也。」文公十八年傳又分德為吉、凶兩類，以「孝、敬、忠、信」為吉德，「盜、賊、藏、奸」為凶德。《周禮·大司徒》則舉「知（智）、仁、聖、義、忠、和」為「六德」。可見，就像道分為「常道」和「非常道」一樣，德也有普遍的德和具體的德。

道家以自然無為為至德：「帝王之德，以天地為宗，以道德為主，以無為為常。」（《莊子·天道》）《韓非子·二柄》又以「慶賞之謂德」。《管子·正世》以「愛民無私日德」。眾說紛紜，莫衷一是。但其正面特徵是指一種善良的品質，崇高的修養。

第二節　政者，正也

孔子論君德，首先要求為身正、心正，榜樣訓世：「季康子問政於孔子，孔子對日：『政者，正也。子帥以正，孰敢不正？』」（《論語·顏淵》）又日：「其身正，不令而行；其身不正，雖令不從。」（《論語·子路》）又日：「苟正其身矣，於從政乎何有？不能正其身，如正人何？」（《論語·子路》）

季康子是魯國的執政大臣，向孔子請教政事問題，孔子回答：「政治的根本是正直。您以正直為天下表率，天下之人有誰不正直呢？」天下、國家好比一所大學校，各級官員就是它的老師，老師必須身體力行，做出表率。表率正則民正，表率斜則民為奸。《大戴禮記·主言》云：「上者，民之表也，表正則何物不正？」《荀子·君道》亦云：「君者儀也，民者影也，儀正而影正。」正是這一意思。

在儒家看來，統治者統治天下，最要緊的是他自己的為人怎麼樣。他自己的所作所為，就是最好的身教。身教勝於言教。如果統治者「其身正」，縱然不發號施令，人民也自然受感化，政治自然得到推行。如果「其身不正」，縱然聲嘶力竭地宣傳鼓吹，也收不到良好的效果。

君與民的關係，又像盂（或盤）和水的關係一樣，是方是圓，完全由管束者自身的形制來決定。孔子曰：「君者，盂也；民者，水也。盂方則水方，盂圓則水圓。上何好而民不從？」（《尸子·處道》）此文見於《群書治要》所引，不一定是孔子原話。不過，《韓子·外儲說左上》亦有相同記載，「孔子曰：『為人君者猶盂也，民猶水也。盂方水方，盂圜（圓）水圓』」。《荀子·君道》篇亦云：「君者盤也，民者水也，盤圓而水圓。」可見，用盂與水關係比喻君民關係，是先秦時期流傳很廣的格言，為儒家所樂道。人民的德行全由統治者來塑造，國君方正，人民就方正；國君圓滑，人民也圓滑。

統治者是人民的表率。《禮記·緇衣》云：「下之事上也，不從其所令，從其所行。上好是物，下必有甚者矣。故上之所好惡，不可不慎也，是民之表也。」又云：「民以君為心，君以民為體。心莊則體舒，心肅則容敬。心好之，身必安之；君好之，民必欲之。心以體全，亦以體傷；君以民存，亦以民亡。」君為心，民為體；心有所想，體有所隨；君有所欲，民有所趨。上行下效，心欲體隨。君主是最高、最權威的表率，人民都眼睜睜看著你，亦步亦趨地效法你。君主喜歡什麼，人民必然會去追求什麼，甚至常常有過之而無不及。楚靈王好細腰，結果全國人減肥，連大臣也一天只吃一頓飯。齊桓公好穿紫衣，結果全齊國都爭相趕時髦，以致紫布價格暴漲……君之所欲，亦民之所欲；君之所喜，亦民之所喜。如果所喜對社會有利，自然是件好事;如果所喜於社會不利，那就遺患無窮。故《荀子·君道》云：「君者，民之原（源），原清則流清，原濁則流濁。」如果國君和人民共同組成一條大河的話，那麼國君就是源，人民就是流。河源清，河流就清；河源濁，河流就濁。多麼生動的比喻啊！

古詩有云：「昔吾有先正（先賢），其言明且清，國家以寧，都邑以成，庶民以生。誰能秉國成？不自為正，卒勞百姓！」大意是：從前我們有位出色的賢君，他的言論英明又純淨；國家因之安定，城市因之繁榮，人民因之樂生。而今誰能夠將國家掌管得昌盛呢？不能首先自正其身，到頭來遭殃的還是百姓。《詩經》說：「赫赫師尹，民俱爾瞻！」居大位的帝王公卿大夫呀，能不自修自勵以求治安嗎？

「君子之德風，小人之德草，草上之風必偃。」統治者的德行可以風化天下，表帥萬民，因此在上位的「君子」切不可忽略修養自己的德行。

第三節　君德種種

孔子認為，希望有所作為的統治者，必須在個人品德方面有高尚的修養，成為仁者（或君子），具備高尚的政治道德和優雅的行為舉止，並且將這些修養和美德貫徹到自己為政的實踐中去。大致說來，這些品德有：仁、義、禮、智、信、莊、敬、惠、敏、寬、恭、讓、孝、恆、寡欲、去私、無為、樂施、親賢、居安思危、身先士卒和遠見卓識。幾乎與仁者的修養和君子的人格相當，其中最重要的是「仁、義、禮、智、信」五者，後儒歸納為「五常」。

仁：仁者愛人。故孔子日：「古之為政，愛人為大。」（《禮記．經解》）倘若統治者不以愛人為本，橫徵暴斂，魚肉百姓，縱然竊居大位，也必然會被推翻：

子日：「知（智）及之（位），仁不能守之，雖得之，必失之。」（《論語．衛靈公》）

孔子說：智力可以奪得大位，但是仁德不足以為守，縱然得到了，也必然會失去。秦皇揮師掃六合，六雄盡滅，天下一統，這是何等的威風、何等的氣概！可是為什麼僅僅傳了二世十一年，天下便分崩離析，江山就易主了呢？究其原因，就是秦始皇殘暴不仁，不愛惜民力，民不聊生之故。隋煬帝智慮過人，勇略雙絕，但也只在位十二年，便天下兵起，被弒江都。究其原因，也是其為政不仁，荼毒天下。因此，孔子說沒有仁德就不能保有天下。故孔子總結說：「愛與敬，其政之本與？」（《禮記．經解》）愛民與敬人，即是為政的根本。本立而幹生，本固而枝繁，一旦「上好仁，則下之為仁爭先人」（《禮記．緇衣》）。在君主仁德的表率之下，天下之人就會爭著為仁，唯恐落後。「是故君先立於仁，則大夫忠而士信、民敦、工璞（質樸）、商愨、女憧（安分）、婦空空（誠懇）。」（《大戴禮記．主言》）一旦君主以仁為政治的首要任務，就會大臣盡忠，士人守信，民風敦厚，百工質樸，少女安分，婦人貞節……從社會生活，到政治生活，從倫理生活，到風俗習慣，無不受其感化，言歸於治。

義：義者宜也，即適度、合理。其標準即是等級名分。社會各階層、各階級說分內的話，行分內的事，彼此配合，互相協調，這就是義。義是等級名分所定，又是禮樂制度的依據，故《左傳》桓公二年云：「名以制義，義以出禮，禮以體政，政以正民。是以政成而民聽。」義是禮的依據，是政的支柱，因而君主非義不能治國。故晉國的賢大夫叔向主張「閒（防範）之以義」（《左傳》昭公六年），鄭國執政子產乃「使民也義」（《論語．公冶長》）。孔子也主張君主要「務民之義」（《論語．雍也》），認為：「上好義，則民莫敢不服！」（《論語．子路》）後世儒家進而將義視為帝王治理天下的法寶。《禮記．經解》日：「發號出令而民說（悅）謂之和，上下相親謂之仁，民不求其所欲而得之謂之信，除去天地之害謂之義。義與信、和與仁，霸王之器也，有治民之意而無其器則不成！」君主釋出人民滿意的政令就是「和」，愛民民亦愛之就是「仁」，讓人民得到希望的東西就是「信」，清除天下之害就是「義」，和、信、仁、義就是君主稱霸天下的法寶，光有治理天下的願望而無治理天下的法寶就萬事無成。墨子認為「興天下之利，除天下之害」就是義。在四種法寶中，義居末，並不意味著義不重要，而是表示義（即清除天下之害）是四寶中最根本的保障。

禮：如前所云，禮是仁、義的外在形式，禮作為一種行為規範正是對仁、義精神的貫徹。古人認為：「禮，經國家，定社稷，序民人，利後嗣者也。」（《左傳》隱公十一年）揭示了禮的政治功能，即國家的根本大法、政權的根本保證；禮的社會功能，是使人民有秩序，使繼承權能夠平穩過渡。儒家認為，禮對於政治，好比衡器、繩墨和規矩，是衡量一切的準則。有了它就能分清是非曲直：「禮之於正國也，猶衡

(秤)之於輕重也，繩墨之於曲直也，規矩之於方圜(圓)也。故衡誠縣(懸)不可欺以輕重，繩墨誠陳不可欺以曲直，規矩誠設不可欺以方圜。君子審禮，不可誣以奸詐。是故隆禮由禮謂之有方之士，不隆禮不由禮謂之無方之民，敬讓之道也。故以奉宗廟則敬，以入朝廷則貴賤有位，以處室家則父子親、兄弟和；以處鄉里則長幼有序。孔子曰：『安上治民，莫善於禮。』此之謂也。」(《禮記·經解》)禮是合理的規範、制度和儀式，小則有利於修身、齊家，大則有利於治國、平天下。它就像一根繩墨、一個規矩，事物的輕重、曲直、方圓，透過它一檢驗便原形畢露、是非清楚了。禮是區別文明和不文明、有序和無序、和諧和混亂的試金石、分水嶺。能夠隆興禮教的統治者，知禮、守禮，就能使人民文明，社會有秩序，關係和諧。反之，人民就野蠻，社會就沒有秩序，群體就不會和諧。漢高祖劉邦逐鹿中原，建立漢朝後，在慶功會上，那些出身引車賣醬、屠狗織履之業的布衣將相們，由於不知禮儀，在朝堂上飲酒作樂，拔劍擊柱，君不君，臣不臣，一派烏煙瘴氣！叔孫通為漢家制定朝儀，上朝時禁鞭三聲響，文武兩邊立，君王高高在上，群臣三呼萬歲。劉邦深有感觸地說，這才嘗到當皇帝的滋味。因此，孔子認為一個君主即使智可取天下，仁可守天下，如果沒有莊敬和禮制，也算不得盡善盡美：「知及之，仁不能守之，雖得之，必失之。知及之，仁能守之，不莊以蒞(臨)之，則民不敬。知及之，仁能守之，莊以蒞之，動不以禮，未善也。」（《論語·衛靈公》）可以說是對劉邦君臣的準確預言。

如果統治者再將禮制推行天下，齊之庶人，天下就成了禮義之邦了，何患而不治呢？故家庭有禮則父子親、兄弟和，鄉黨有禮則長幼有序。故孔子曰：「上好禮，則民易使也。」（《論語·憲問》）禮將人民限定在固定的圈子內，使其成為馴服的順民，當然就好使喚了。

那些不以禮教民，卻以暴虐刑殺為威的君主，是孔子深惡痛絕的。魯哀公曾對孔子說：「吾欲小則守，大則攻，其道若何？」孔子曰：「若朝廷有禮，上下有親，民之眾皆君之畜也。君將誰攻？若朝廷無禮，上下無親，民眾皆君之仇也，君將誰與攻？」（《說苑·指武》）魯哀公問孔子他準備小則採用守勢，大則採用攻勢，這種施政方針如何？孔子回答說：如果朝廷有禮，政策得民心，上下親愛，人民的財富也就是君主的財富，君主又何必去攻奪呢？如果朝廷無禮，政策不得人心，上下對立，人民都是您的敵人，您又和誰去攻奪呢？

智：智即智慧。《左傳》襄公十四年曰：「天生民而立之君，使司牧之，勿使失性。」君主的價值在於管理社會，調節秩序，讓人民安居樂業，幸福地生活。王事鞅掌，日理萬機，自然不是愚蠢之人可承擔的。西晉有個有名的愚君——晉惠帝，智力不及三歲小孩，卻被推上了帝位。聽見青蛙鳴叫，他問大臣：「其為公邪，為私邪？」當時天下饑荒，大臣報告說人民沒有飯吃，他反問：「何不食肉糜？」如此蠢材，自然難履君職，於是賈后專權，八王興亂，好端端一個司馬氏天下被他斷送了，再次應驗了《周易》「負且乘，致寇至」的告誡。難怪孔子要將「知（智）」排到仁、莊、禮之前，作為當君主的起碼條件了。那麼，一個智慧之君應具備哪些智慧呢？

一是知識豐富。《釋名》曰：「智，知也，無所不知也。」正如柏拉圖認為，只有哲學家成為統治者才帶給社會希望一樣，孔子為首的儒家也認為，知識全面的統治者登上寶座，才能帶給國家安定，帶給人民幸福。孔子曰：「知（智）者不惑。」（《論語．子罕》）具有智慧才不會被複雜的政治事務搞昏頭腦。《孟子．盡心上》曰：「知（智）者無不知也。」只有用人類的知識來武裝自己頭腦的人才是聰明人，才能達到孔子所說的「不惑」境界。最高統治者不惑於事，天下就可以運諸掌了。

二是知道仁義，並慎守勿失。《孟子．離婁上》云：「仁之實事親是也，義之實從兄是也，智之實知斯二者弗去是也。」孔孟思想以仁義為特色，君主要治理好國家，不懂得仁義這個治世哲學，自然算不得英明。

三是「知人」，即知人善任。《論語．顏淵》樊遲問智，孔子曰：「知人。」樊遲莫名其妙，孔子又曰：「舉直錯諸枉，能使枉者直。」樊遲還是不懂，只好退下去，見子夏，就困惑地說：「鄉（剛才）也吾見於夫子而問知（智），子曰：『舉直錯諸枉，能使枉者直。』何謂也？」子夏說：「富哉言乎！舜有天下，選於眾，舉皋陶，不仁者遠矣。湯有天下，選於眾，舉伊尹，不仁者遠矣。」孔子用「知人」回答樊遲問智，樊遲不解，子夏卻極力稱讚說孔子的回答蘊意深刻，並用舜舉皋陶、湯舉伊尹，正直者在位，邪曲者遠遁的歷史故事來作注腳，說明知人舉賢為智的道理。

其實，「智者知人」並不難理解。個人的力量總是有限的，他不可能智周萬類，力克千軍。聰明人知道自己的不足，故選賢舉能以輔佐自己，「故天子有公，諸侯有卿，卿置側室，大夫有貳宗，士有朋友，庶人、工商、皁隸、牧圉皆有親暱，以相輔佐也」（《左傳》襄公十四年）。為了彌補自己力量的不足，自天子至平民都有幫襯之人，天子選擇了公，諸侯選擇了卿，卿有庶族，大夫有小宗，士人有朋友，庶民、工商乃至奴隸都有親近之人，人不能沒有幫助。

秦始皇討平六國，不可謂不智勇；日審案卷百二十石，不可謂不勤勉。但是他不信任大臣，顧問博士七十人，特備員而已，滿朝文武，倚辦於上。結果政出多失，國命短祚。項羽勇冠三軍，氣壯山河，但不能知人善任，韓信、陳平等智慧之士皆棄之不用，智囊范增亦被他氣得疽發於背而亡。結果眾叛親離，四面楚歌，自刎於烏江。死前，還叫著虞姬的名字，高歌「力拔山兮氣蓋世，時不利兮騅不逝。騅不逝兮可奈何！虞兮虞兮奈若何！」他自認為勇力蓋世，理當為天下霸主，所以失敗，乃時運不濟。殊不知帳無謀士，陣無猛將，才是他失敗的真正原因。劉邦則與之相反，論勇力，論謀略，都不是項羽的對手，但是他戰勝了項羽，原因何在？他自己有一段精妙的道白：「夫運籌策帷帳之中，決勝於千里之外，吾不如子房（張良）。鎮國家，撫百姓，給饋餉，不絕糧道，吾不如蕭何；連百萬之軍，戰必勝，攻必取，吾不如韓信。此三者皆人傑也，吾能用之，此吾所以取天下也。項羽有一范增而不能用，此其所以為我擒也。」（《史記·高祖本紀》）劉邦確實有很多不足之處，他粗魯無賴、貪酒好色……但他能驅使天下之英豪以為己用，這就是人生的大智慧、帝王的大智慧。就像獵手，走不及獸快，追不及鳥速，但是他有鷹犬、有良弓，故獵物總是在其彀中。學會運用人為工具來補充自己之不足，這難道不是人類智慧的重大飛躍嗎？難怪劉邦榮歸故里之後，還要慷慨高歌：「大風起兮雲飛揚，威加海內兮回故鄉！安得猛士兮守四方！」「猛士」就是劉邦念念不忘的願望。

善於知人善任的就是賢者、智者，否則，即使個人再有本事也不值得稱道。《韓詩外傳》（卷七）云，子貢問什麼是「大臣」，子曰：「齊有鮑叔，鄭有子皮。」子貢曰：「否。齊有管仲，鄭有東里子產。」孔子曰：「管仲，鮑叔薦也；子產，子皮薦也。」子貢曰：「然則薦賢賢於賢。」曰：「知賢，知（智）也。推賢，仁也。引賢，義也。有此三者，又何加焉？未聞管仲、子產有所進也。」（從孫星衍校。又據《說苑．臣術》補末一句）管仲、子產都是春秋時期的大賢人。管仲佐助齊桓公尊王攘夷，九合諸侯，一匡天下，曾被孔子許為「仁」者。子產為鄭執政，孔子稱他「其行己也恭，其事上也敬，其養民也惠，其使民也義」，具有君子之風。但是，我們要問，管仲、子產是如何獲得機會施展才華的呢？還不是由於鮑叔和子皮的推薦？我們又問，管仲、子產身後的齊國和鄭國怎樣了呢？在齊國，是小人易牙、開方、豎刀專權，舉國大亂，連英明一世的齊桓公也被困餓死；鄭國則盜聚於萑苻之澤，逼得鄭國不得不大開殺戒。究其原因，都由於二子生前不注意選拔人才，不注意培養接班人，政策沒有連續性，故身死國亂。可見，知賢與用賢，實在比本人的賢明還要緊迫得多。「薦賢賢於賢」，真是千古良訓呀！故《大戴禮記．主言》記載孔子曰：「所謂天下之至仁者，能合天下之至親者也；所謂天下之至知者，能用天下之至賢者也；所謂天下之至明者，能選天下之至良者也。……是故仁者莫大於愛人，知（智）者莫大於知賢，政者莫大於用賢。有土之君修此三者，則四海之內拱而視。」這段話未必就出自孔子之口，但以知賢為智、以選良為明的觀點，卻與孔子的思想毫無二致，可視為後世儒家對孔子思想的發揮。

信：人言為信，信即說話算數，引申為信譽。如前所說，孔子將信作為仁者的品德之一，自然，信也該是統治者的政治道德之一。與孔子同時的大賢叔向曾向子產交換從政經驗說：「閒之以義，糾之以政，行之以禮，守之以信，奉之以仁。」（《左傳》昭公六年）意為：用義來防範人民，用行政手段來整頓人民，用禮來指導人民，用信來留住人民，用仁來愛人民。信是保證人民永遠積集於自己身邊，以免他們逃散、背叛的有效方法。孔子也說：「故君民者，子（像待兒子般）以愛之，則民親之；信以結之，則民不倍（背）也。」（《禮記·經解》）試想，如果一個人言而無信，天天騙人，自食其言，誰還願意和他打交道呢？一個君王，如果言而無信，朝令夕改，政策不落實，許諾不兌現，誰還願意做他的奴僕，聽他的領導呢？從前，齊襄公曾經派兵守葵丘，去時正值春天種瓜時節，襄公與之約日：「及瓜而代。」可是，到了夏秋之際，瓜結滿架，齊襄公連個慰問的信也沒有，守將請求換防，公又弗許，於是守將謀變，結果發生政變，襄公身首異處。西漢末，竊國大盜王莽在篡漢之前，曾向人們許下很多好處，但實際上是借改制之名，變著方法搜刮民財，當初許下的諾言一個也沒有兌現。結果綠林赤眉起義席捲天下，長安城內反者如雲，王莽被侍衛官殺死。齊襄公、王莽都是始於騙人，終以隕身，咎由自取。故孔子念念以信譽為事，當子張問怎樣行動時，他教誨說：「言忠信，行篤敬，雖蠻貊之邦，行矣。言不忠信，行不篤敬，雖州里行乎哉！」（《論語·

衛靈公》）忠信是希望事業有成的人們實現理想的首要條件。子貢問政，孔子日：「足食，足兵，民信之矣。」子貢日：「必不得已而去，於斯三者何先？」日：「去兵。」子貢日：「必不得已而去，於斯二者何先？」日：「去食。自古皆有死，民無信不立。」（《論語．顏淵》）糧食是人民生存的首要條件，兵備是階級社會保全自我的必備手段，但是，孔子認為信是政權的根本保障。對統治者來說，應視民為本，視信為要，其餘都是末。

聰明的統治者懂得怎樣利用民心，他們推行政令，實行改革不單靠行政命令，而首先是取信於人。孔子說：「信，則人任焉。」（《論語．陽貨》）子夏：「君子信而後勞其民，未信，則以厲（危害）己也。」（《論語．子張》）他們都將信視為役人使民的先決條件，視為治國安民的前提條件。信誓旦旦，言而可復，這是中華文化的傳統美德，也是君德的重要內容，不可不察。

此外，孔子還要求統治者具備下列修養和美德：

恭、莊、敬：「恭、莊、敬」，三詞同義，同指恭敬、莊嚴的態度，只是角度不同。恭是內心的嚴肅和敬意，莊是舉止的莊嚴、端正，敬是行為中表現出的小心與謹慎。君要像個君，臣要像個臣，在心態上、舉止上、禮儀上，都各有規定，要合乎身分，君主認真做好了，就會收到無言之教的效果：「知及之，仁能守之，不莊以蒞（臨）之，則民不敬。」

(《論語．衛靈公》)如果統治者「恭以蒞之，則民有孫(遜)心。」(《禮記·緇衣》)孔子反對「為禮不敬」(《論語·八佾》)的行為，說：「古之為政，愛人為大，所以治愛人，禮為大。所以治禮，敬為大。……愛與敬，其政之本歟！」(《禮記．經解》)愛人即仁政，行仁政當由禮始，行禮制就必須有敬心。愛和敬是為政的基本精神，不敬，視禮制為兒戲，必然禮壞而政弛。因此，他主張治標先治本，「修己以敬」，在敬的基礎上，再逐級地「修己以安人」，「修己以安百姓」(《論語．憲問》)。

寬、讓、敏：孔子曰：「寬則得眾」，「敏則有功」(《論語．堯曰》)。寬即寬大為懷，「赦小過」(《論語．子路》)，「不念舊惡」(《論語．公冶長》)。人非聖賢，孰能無過？君主辯其性質而寬赦之，使其自新，不亦善乎！從前，楚莊王賜宴群臣，天昏日暮，秉燭盡歡。楚王令心愛的美人行酒，突然間燈熄燭滅，有人趁暗戲弄美人。美人順手扯斷那人冠纓，對楚王說：「有無禮於妾者，妾已斷其纓，請舉燭照之。」楚王不但不舉燭，反而下令群臣個個都絕纓盡歡，然後掌燈。三年之後，晉楚之戰，有一人常常衝鋒在前，五戰五勝。楚王怪而問之，原來他就是戲弄美人之人。倘若楚莊王當初因一個愛妾的名節而誅殺了他，豈不失去日後這員衝鋒陷陣的猛將了嗎？古語云：「使功者不如使過。」不無道理。讓，即禮讓。孔子提倡「禮讓為國」(《論語·里仁》)。君王逐鹿中原，自然要爭。但一旦天下成了自家的天下，就應該以讓倡廉，以遜倡和。周太王有子泰伯、仲雍、季歷，季歷賢，有子姬昌（即周文王），泰伯知太王有意傳位季歷，乃與仲雍南奔於吳，使政權實現了和平移交，保證了西周社會的順利發展。這對不計個人得失的義舉，孔子讚嘆有加：「泰伯，其可謂至德也已矣！三以天下讓，民無得而稱焉！」（《論語．泰伯》）連天下尚可禮讓，還有什麼不能讓的呢？統治者如果都以禮讓治國，天下便不爭，不爭而亂者，未之有也。故孔子又說：「能以禮讓為國乎，何有？不能以禮讓為國，如禮何？」（《論語．里仁》）禮讓則天下無事，可以無為而治；若不能禮讓，天下爭端日起，雖天天宣傳禮制也無濟於事。

去私、寡欲：去私，即不把天下視為一己之私產。孔子認為，人類社會已經歷了兩種類型，即「天下為公」的大同之世和「天下為家」的小康之世。在天下為公的社會裡，「人不獨親其親，不獨子其子」，貨力亦「不必為己」，沒有階級，沒有剝削，也沒有私有觀念。這就是原始社會，約當於堯、舜、禹之時。當時的首領都是身先士卒，為社會做出無償的貢獻，自奉極薄，也不視天下為自己的私產。孔子曰：「巍巍乎！舜禹有天下而不與（私）焉！」又曰：「禹，吾無間（閒言）然矣！菲飲食，而致孝乎鬼神；惡衣服，而致美乎黼冕；卑宮室，而盡力乎溝洫。禹，吾無間然矣！」（俱見《論語．伯泰》）舜、禹都是有天下而不私有、居高位卻不享受的聖人，這是原始社會軍事民主制歷史的真實寫照。但在天下為私的社會裡，「人各親其親，各子其子，大人世及以為禮」，「貨力為己」，天下變成了一家一姓的天下，有階級，有剝削，也有私有觀念（《禮記·禮運》）。昏暴之君可以驅天下之人以為我使，窮天下之財以盡己樂。夏桀、商紂，無不如此。有道是：「無欲之謂聖，寡欲之謂賢，多欲之謂凡，徇欲之謂狂。人之心胸，多欲則窄，寡欲則寬。人之心境，多欲則忙，寡欲則閒。人之心術，多欲則險，寡欲則平。人之心事，多欲則憂，寡欲則樂。人之心氣，多欲則餒，寡欲則剛。」（《格言聯璧·存養》）但是，開明的君主、進步的思想家，為了本家族或本階級的利益，意識到「四海困窮，天祿永終」（《論語·堯日》）的嚴峻性，同時也出於人道的考慮，逐漸形成了「民本」思想。

民本思想要求統治者克制天下為私的意識，增強民眾本位的意識，減少私欲，以利天下，以保社稷。《尚書·泰誓》：「民之所欲，天必從之。」春秋時晉國師曠曰：「天生民而立之君，使司牧之，勿使失性……天之愛民也甚矣！豈其使一人肆（縱慾）於民上，以縱其慾而棄天地之性？必不然也！」（《左傳》襄公十四年）鄭文公曰：「苟利於民，孤之利也。天生民而樹之君，以利之也。民既利矣，孤必與焉。」（《左傳》文公十三年）《荀子》曰：「天之生民，非為君也；天之立君，以為民也。故古者，列地建國，非以貴諸侯而已；列官職，差爵祿，非以尊大夫而已。」（〈大略〉）等等，不一而足。

民本思想力圖告訴人們：天下是天下人的天下，人民是天下的主人。君主是上天派來管理人民、造福人民的使者，他對天下只有保管權，沒有占有權；只有經營權，沒有所有權。政權的目的在於利民、裕民，而不在於害民和剝削人民。孔子對民本思想無疑是贊同的，因為他盛稱「其養民也惠」的子產（《論語・公冶長》），嚮往「修己以安百姓」、「博施濟眾」（《論語・雍也》）的聖人之業。他斥責橫徵暴斂勝於猛虎：「苛政猛於虎！」（《禮記・檀弓下》）季康子患盜，問計於孔子，孔子批評他說：「苟子之不欲，雖賞之不竊！」（《論語・顏淵》）希望統治者節制貪欲，少做竭澤而漁、殺雞取卵的蠢事。

納諫：孔子曰：「明王有三懼：一曰處尊位而恐不聞其過，二曰得志而恐驕，三曰聞天下之至道而恐不能行。」（《韓詩外傳》卷七）不聞過則錯上加錯，驕傲則輕敵，不行至道則事業無成，此三者實為人君之大忌。後兩者若經人指點，尚可以知錯而改，還可補救，唯「不聞其過」最頭痛，故為「三懼」之首。人非全知全能，孰能智周萬類，無缺無欠？俗話說：知人者智，納諫者聖。「聖」從耳從口王聲，古文字只作「耳口」會意，意即聽得進言語規勸者即為聖人。孔子曾說過：「良藥苦於口利於病，忠言逆於耳利於行。故武王諤諤（直言爭辯）而昌，紂嘿嘿（默默無言）而亡。君無諤諤之臣，父無諤諤之子，兄無諤諤之弟，夫無諤諤之婦，士無諤諤之友，其亡可立而待。故曰：君失之，臣得之；父失之，子得之；兄失之，弟得之；夫失之，婦得之；士失之，友得之。故無亡國破家、悖父亂子、放兄棄弟、狂夫淫婦、絕交敗友。」（《說苑．正諫》）《荀子．子道》：「昔萬乘之國，有爭臣四人，則封疆不削；千乘之國，有爭臣三人，則社稷不危；百乘之家，有爭臣二人，則宗廟不毀；父有爭子，不行無禮；士有爭友，不為無義。」亦作孔子曰，與此正同。人們如果能聽進勸諫，就不會有敗德惡行。同理，一位君主若有直言極諫之臣，為之拾遺補闕，糾過救偏，他就不會有昏德和敗政。古諺云：「千夫之諾諾，不若一士之諤諤。」（《史記．商君列傳》）真是至理良言。故孔子一則曰：「勿欺也，而犯之。」（《論語．憲問》）要求大臣出以忠心，犯顏直諫。一則曰：「明主在上，群臣直議於下。」（《韓非子．內儲說七術》）要求君主創造直言氣氛，虛心納諫。

其他方面，統治者還應具備孝的情感、遠見卓識、身先士卒的作風和謹慎的態度。

第八章　仁政：帝王智慧

德治主要講社會應由道德覺悟很高，並能按道德原則辦事的人來管理，透過統治者優秀的表率作用來正人心，治理天下；仁政則主要講施政綱領。前者告訴人們一個合格的統治者應當具備什麼樣的政治修養，它既是好官、好君、好政府完善自我的指南，也是人民衡量政府、君主和百官好壞的尺度。後者則告訴統治者應該怎樣行政，是實現清平政治的藍圖。那麼，孔子是如何繪製這幅藍圖的呢？歸納起來主要有五點：足食、足兵，重教、輕刑，正名，選賢才。下面即分而述之。

第一節　足食、足兵

子貢問政，子曰：「足食，足兵，民信之矣。」子貢曰：「必不得已而去，於斯三者何先？」曰：「去兵。」子貢曰：「必不得已而去，於斯二者何先？」曰：「去食。自古皆有死，民無信不立。」

子適衛，冉有僕（駕車）。子曰：「庶（人口稠密）矣哉！」冉有曰：「既庶矣，又何加焉？」曰：「富之。」曰：「既富矣，又何加焉？」曰：「教之。」（《論語・子路》）

前者為足食、足兵、立信，後者為庶、富、教，前後互補，構成孔子的治國方略。庶即人口繁衍；富即足食，發展生產；足兵是保證在和平環境中實現庶、富、教的必要措施；信和教，屬於上層結構領域的事情，自上對下而言，要立信，自下對上而言，要受教。要發展人口（庶），增加生產力，使國民具體從事生產、加強國防的人力；大力進行物質生產，增加財富，讓人民有富裕的生存條件（富之、足食）；要具有強大的國防（足兵），使人民在無憂無慮的環境中生活；還要做好上下關係，加強團結（信），進行教育教化，提高人民的文化素養和道德修養（教），使他們過文明的生活。從物質到精神，從上下關係到道德修養，孔子都考慮到了。一位兩千五百多年前的古人，能做出這樣系統全面的考慮，確實難能可貴而少見。

在具體施政上，食、兵、信、庶、富、教，雖然都很重要，但也有主次之分和先後之別。

就食、兵、信而言，食居於首要地位。俗話說，國以民為本，民以食為天。國家的穩定、社稷的存亡，首先必須解決人民的溫飽問題、解決人民的生存問題。漢朝的晁錯說過：「人情，一日不再（兩餐）食則飢，終歲不製衣則寒。夫腹飢不得食，膚寒不得衣，雖慈母不能保其子，君安能有其民哉！明主知其然，故務民於農桑。」（《漢書．食貨志上》）富貴知禮儀，飢寒起盜心，這是三歲小孩也知道的道理。對於修養高的人來說，為了人格，為了仁義，可能在飢寒之下還能堅守氣節，做到「貧賤不能移」。但是對於一般老百姓來說，無衣無食，就難免嘯聚山林，鋌而走險。因此，自古明君聖主，無不重視農業，重視糧食生產。〈洪範〉「八政」:「一日食，二日貨。」將糧食置於財貨之首。一生最推崇大丈夫浩然之氣的孟子，雖然曾勸君王「何必日利，亦有仁義而已矣」，但對待老百姓，他也承認首先要「制民之產」，「無恆產而有恆心者，唯士為能。若民，則無恆產，因無恆心，苟無恆心，放辟邪侈，無不為已」，「是故明君制民之產，必使仰足以事父母，俯足以畜妻子。樂歲（豐年）終身飽，凶年免於死亡，然後驅而之善」（《孟子・梁惠王上》）。恆產，即固定不動、長期使用的產業，如田土、山川等生產資源。恆心，即常久不變之善心。孟子認為，天下人民，士農工商，只有讀書人知道禮義廉恥，在沒有固定產業的情況下，還能保持一定的品格。若是一般平民，不知禮義，沒有固定財產，就不可能有恆久不變的善心，什麼犯上作亂的事都做得出來。此即孔子「君子固窮，小人窮斯濫矣」（《論語・衛靈公》）名言在政治上的應用。為了安定人心，就得分配產業給人民，讓他們能夠自食其力。解決了生存問題，然後才談得上禮義廉恥，引導他們向高尚的境界發展（引而之善）。

《論語・堯日》記載孔子「所重：民、食、喪、祭」亦將民和食擺在喪、祭等禮儀之前。基於對糧食的重視，孔子看見莊稼就格外熱切：「夫子見禾三變也，滔滔（快活）然日：『狐向丘而死，我其首禾焉。』」（《淮南子・繆稱》）禾三變，指莊稼經歷了發芽、抽穗、成熟三次變化。狐死首丘，不忘其本。人也如此，人之本即糧食，故孔子將枕禾而死，示不忘其本，念念以民食為重。孔子著《春秋》，其他災禍，多有未記，而麥禾不熟，卻書之不倦（《漢書．食貨志上》董仲舒說），其中的微言大義，亦在重粟而已。手裡有糧，心中不慌，誠如漢賈誼所云：「苟粟多而財有餘，何為而不成？以攻則取，以守則固，以戰則勝。懷敵附遠，何招而不至？」（《漢書．食貨志》）古今成敗，多與糧食有關。諸葛亮六出祁山，又六次退卻，無成而歸，究其根本原因，乃蜀道千里，轉輸不易，軍中乏糧，難以持久作戰。曹操官渡之戰，曹軍以數千兵力戰勝袁紹十萬大軍，其訣竅乃是燒毀袁軍糧草於烏巢……因此，自古兵家以「兵馬未動，糧草先行」為座右銘，自古政治家也以發展生產為改革的中心議題。李悝的「盡地力之教」、商鞅的「為田開阡陌封疆」、王莽的「王田制」、北魏孝文帝的「均田制」、王安石的「農田水利法」……雖然形式不同，性質各異，但其政策思維不外「足食」、「富之」而已。誰解決了土地問題，誰的改革就是成功的，否則，必敗無疑。

足兵。孔子一生提倡仁、義、禮、智、信，從來不宣傳戰爭，甚至連討論也不願意。周遊列國來到衛國，衛靈公向他請教戰陣之事，孔子曰：「俎豆之事，蓋嘗聞之矣；軍旅之事，未之學也。」他覺得衛靈公無聊，不向他問禮，卻向他問兵，次日便離開了衛國。何以這裡又將「足兵」作為政治方案中僅次於「食」的重要內容提出來呢？其實，這是孔子出於實際需求的考慮。孔子所處的春秋時期，以強淩弱、以眾暴寡成了家常便飯，其間「弑君三十六，亡國五十二，諸侯奔走不得保其社稷者不可勝數！」（《史記·太史公自序》）那時人欲橫流，禮義掃地，人類和平共處的公德早已被拋到九霄雲外。經學家稱這個時代為「據亂之世」。在這樣的亂世中要治國安民，怎麼可以無武備呢？縱然要在國內舉禮作樂，也需要強大實力作為保證才行。面對這樣的現實，孔子無論如何也不會忘記武備。

那麼，孔子是怎樣看待軍事問題的呢？即注重防禦，反對侵略，教而後戰，以戰去戰。

注重防禦。上文所引「足兵」即是從防禦意義上講的。孔子為大司寇時，齊魯二公相會於夾谷，孔子相禮。行前，魯定公相信了齊國友好會盟的言論，滿心歡喜，毫無戒備，準備乘著普通車子前往赴約。孔子曰：「臣聞有文事者，必有武備；有武事者，必有文備。古者諸侯出疆，必備官以從。請具左右司馬（掌兵官）。」（《史記·孔子世家》，亦見於《穀梁傳》）。後來，齊國果然背信棄義，想在盟會時挾持魯定公，幸好魯國事先做了準備，才有驚無險。「有文事者，必有武備」，正是加強防禦的意思。

反對侵略。正如孔子的仁義思想是為了讓大家共同歡樂、普天同慶，孔子搞武備的目的也是為了保衛人民安居樂業，而不是掠奪和侵略。「己所不欲，勿施於人。」自己國家不願被別人侵略，孔子也絕不將侵略施之他國。因而，他堅持反對侵略戰爭。《論語．季氏》載，季孫氏為政，將侵略魯國的附庸小國顓臾，在季氏家做家臣的冉有和子路將此事告訴孔子。孔子說：「丘也聞有國有家者，不患寡而患不均，不患貧而患不安。蓋均無貧，和無寡，安無傾。夫如是，故遠人不服，則修文德以來之。既來之則安之。今由（季路）與求（冉有）也，相夫子（指季孫氏），遠人不服，而不能來也；邦分崩離析，而不能守也。而謀動干戈於邦內。吾恐季孫之憂，不在顓臾，而在蕭牆之內也。」在這裡，孔子提出了均貧富、和人民、安邦國的治國原則，和「遠人不服，則修文德以來之，既來之則安之」的外交政策。這與他回答葉公問政時所謂的「近者說（悅），遠者來」（《論語．子路》）的命意相同。他認為，只要國內文治燦然，安定團結，外國人就自然而然地感其風化，順服於你。否則，內政不修，民怨沸騰，外人哪裡肯服？就是興師征討也無法發揮作用。更有甚者，如果國內未安定，卻去窮兵黷武，發動侵略戰爭，必然後院起火，禍起蕭牆。

教而後戰。戰爭有時是必要、不可避免的；戰爭又是殘酷的、流血的，有國有家者，不可不慎。故《老子》曰：「夫佳（唯）兵者，不祥之器也。」孫子曰：「兵者，國之大事，死生之地，存亡之道，不可不察也。」（《孫子兵法．計篇》）孔子出於仁者之心，又怎會忍心隨便將人們推入戰爭這個血與火的深淵呢？故《論語．述而》云：「子之所慎：齊（齋）、戰、疾！」孔子對戰爭是慎重的，不輕易提及。他反對窮兵黷武，反對「不教使戰」，認為將未加訓練和教導的士兵草率推進戰場，這是非常不負責任的。子曰：「以不教民戰，是謂棄之。」（《論語．子路》）他主張對人民加強戰爭教育和戰術訓練，並須之以時，方可從征。子曰：「善人教民七年，亦可以即戎（從征）矣！」（《論語．子路》）他認為善於指揮的人要對人民進行七年的訓練，才可以讓他們從事戰爭。在不戰不已的時候進行戰爭，以訓練有素的士兵馳騁沙場，這就是孔子的策略思想。孔子出身武士之家，其父叔梁紇即以勇力聞於諸侯，立有戰功；他本人也身體魁梧，力大無比，《呂氏春秋．慎大》：「孔子之勁，舉國門之關而不肯以力聞。」又知兵知戰，曾經成功指揮過鎮壓費人暴亂的戰爭；他傳授門徒，子弟也多通軍事。《史記．孔子世家》載，「冉有為季氏將師，與齊戰於郎，克之。季康子曰：『子之於軍旅，學之乎？性（生就）之乎？』冉有曰：『學之於孔子』」。由此可知，當初孔子不與衛靈公議兵，非真不知兵，只是示其不以武力為重罷了。

以戰去戰。楚莊王說：「止戈為武。」（《左傳》宣公十二年）孔子曰：「人生有喜怒，故兵之作，與民皆生，聖人利用而弭之，亂人舉之喪厥身。」（《大戴禮記．用兵》）「利用而弭之」，即以兵去兵。齊田氏弒其君，孔子齋戒沐浴，要求魯哀公弔民伐罪；公叔氏以蒲叛衛，孔子建議衛靈公討而伐之。這與一生講仁義禮讓的孔子似乎有些不般配。其實，孔子的以戰去戰思想，正是仁義禮讓精神的體現。《大戴禮記．用兵》載，「（魯哀）公曰：『用兵者，其由不祥乎？』子曰：『胡為其不祥也？聖人之用兵也，以禁殘去暴於天下也』」。「禁殘去暴」，是孔子用兵的目的，是以戰去戰的具體說明。只有禁殘去暴，才能保證人民的正常生活，才能保證國家的和平與穩定。這樣，戰爭是保證推行仁義之政、實行禮樂教化的必要手段。從事戰爭正是出於愛民的仁人之心，並不與仁義相悖。魯哀公十一年（西元前 484 年），魯國抗擊齊兵入侵，孔子對戰爭中犧牲的魯國將士稱讚有加。其中有未成年的犧牲者，按禮祭奠時只能採用「殤禮」，孔子卻說：「能執干戈以衛社稷，可無殤也！」孔子弟子冉有在這次戰爭中，表現出色，孔子稱許他有「義」。可見，孔子反對不義之戰，讚揚正義之戰。義與不義，是決定孔子戰爭態度的準則，這正是他仁義情懷的表現。戰國大儒荀子對此也有非常深刻的思考。有人問：「仁者，愛人；義者，循理。然則又何以兵為？凡所為有兵者，為爭奪也。」荀子曰：「非女（汝）所知也。彼仁者愛人，愛人，故惡人之害之也。義者循理，循理，故惡人之亂之也。彼兵者，所以禁暴除害也，非爭奪也。」（《荀子·議兵》）仁者愛人，故不忍心人民被暴力所害；義者循禮，故不容許公理被人所賊。軍事，就是禁暴除害的。同樣主張以兵除害，這是中華文化愛好和平的優良傳統，經以孔子為首的儒家提倡，已經深入人心，成為人類共同接受的外交原則。

就「庶、富、教」言之，庶是人口增殖，富是豐衣足食，教是禮樂教化。將「庶、富」排在「教」之前，與將「足食」擺在「足兵、信之」之前具有同樣道理，即《管子·牧民》所謂：「倉廩實則知禮節，衣食足則知榮辱。」告子曰：「食、色，性也。」（《孟子·告子上》）《禮記·禮運》曰：「飲食、男女，人之大欲存焉。」人有求得生存的需求，也有求得繁衍的本能。天下皆然，古今同理。馬克思也告訴人們：「人們能夠創造歷史，必須能夠生活。但是，為了生活，首先就需要衣、食、住以及其他東西。因此第一個歷史活動就是生產滿足這些需要的物資。」又說：「每日都在重新生產自己生命的人們開始生產另外一些人，即增殖。」（《德意志意識形態》）將兩段話歸納起來，前者為物質再生產，後者為勞動力資源再生產。用告子的話即是「食、色」，用《禮記》的話即是「飲食、男女」，用孔子的話即是「庶、富」。告子、《禮記》立足於人的需求，認為人有需食、需色的本性；孔子基於統治者的政策考慮，認為應當對人民實行庶之、富之的政策。著眼點只有一個，即解決人類生存、生產的最低需求。《尚書·康誥》

曰：「唯文王之敬忌，乃裕民。」孔子亦將利民愛民的惠心作為仁德之一，盛讚子產「其養民也惠」（《論語．公冶長》）。子產死後，孔子濳然出涕，曰：「是古之遺愛也！」（《左傳》昭公二十年）那麼，孔子認為怎樣才能惠民、利民，使其富裕起來呢？他認為只要善於為政，就可做到「惠而不費」。能夠「因民之所利而利之，斯不亦惠而不費乎？」（《論語．堯曰》）君王在上，自己又不能生產，怎樣才能惠民、利民呢？那便是實行對人民真正有利的政策。漢代晁錯說得好：「聖王在上而民不凍飢者，非能耕而食之，織而衣之，為開其資財之道也。」（《漢書．食貨志上》）

怎樣的「資財之道」呢？孔子提出輕徭、薄賦、厚施三原則。輕徭，即減輕徭役。孔子不反對人民從事必要的勞徭：「愛之，能勿勞乎？」（《論語．憲問》）但要愛惜民力，使用得時，即「使民以時」（《論語．學而》），徵調徭役不違農時。《尚書．堯典》曰：「食哉惟時。」應在農閒時抽調徭役，「歲月日時無易（錯亂）」，於是「百穀用成」（《尚書．洪範》）。讓人民在保證生產的前提下服役，雖勞之而無怨：「擇可勞而勞之，又誰怨？」（《論語．堯曰》）薄賦，即反對超經濟剝削。在生產力十分低下的古代社會，統治者食稅過多，聚斂無度，必然造成人民的飢餓，《老子》曰：「民之飢也，以其上食稅之厚。」如果連生活都成為了問題，人民就不能進行勞作，因此孔子要求統治者用薄賦養民力，藏畜於民：「薄賦斂則民富。」（《說苑·理政》引）與老子一樣，孔子也認為統治者的多欲是造成盜賊公行和社會不安的原因之一：「季康子患盜，問於孔子，孔子對曰：『苟子之不欲，雖賞之不竊。』」可是，貪鄙的季孫氏還是不知道這個道理，雖「富於周公」，還叫冉有為之聚斂，難怪孔子要號召弟子們「鳴鼓而攻之」了。厚施，即重施恩惠於民。「博施濟眾」是孔子的遠大理想，而厚施就是他實現這一理想的手段。《左傳》哀公十一年記載季康子欲增加賦稅，叫冉求問問孔子行不行，孔子三問而不答，最後才說：「君子之行也，度於禮。施取其厚，事舉其中，斂從其薄。」「施取其厚」，既可結恩於民，又可培養民力，還可藏富於民。人民富裕了，國家還有不富裕的嗎？有若曰：「百姓足，君孰與不足；百姓不足，君孰與足？」（《論語·顏淵》）荀子曰：「下貧而上貧，下富而上富。」（《荀子·富國》）先富民而後富國，是儒家的傳統思想。

第二節　重教、輕刑

重教，即重視禮教。上文所引的「信之」、「教之」即其事。信之，使人民相信統治者，這是身教。教之，則可歸屬於言教。儒家認為，人是有理性的動物，社會應是有秩序的社會，人民應該在秩序中過文明的生活。教，正是幫助人民認識自己的理性，理解社會的秩序，明白文明規範的必要措施。孔子說：「君子學道則愛人，小人學道則易使也。」（《論語．陽貨》）孟子曰：「人之有道也，飽食暖衣，逸居而無教，則近於禽獸。聖人有憂之……教以人倫，父子有親，君臣有義，夫婦有別，長幼有敘，朋友有信。」（《孟子．滕文公上》）荀子曰：「不富無以養民情，不教無以理民性。故家五畝宅、百畝田，務其業而勿奪其時，所以富之也。立大學，設庠序，修六禮，明七教，所以道（導）之也。《詩》曰：『飲之食之，教之誨之。』王事具矣。」（《荀子．大略》）人是有食色本性的動物，故首當足食和富之。但是，人又是具有愛類、和群等社會性的高等動物，故需要教之誨之，讓他們在人格上自覺、在道德上自律。教，正是在「足食、富之」基礎上，提高人們品格修養，增強人的道德覺悟的積極措施。孔子出於「己欲立而立人，己欲達而達人」的仁者情懷，主張積極施教，向人民曉諭事理，從主動意義上講，可以促成人們知禮知節、知規知矩，過合乎道義、合乎禮教的文明生活；從被動意義講，可以規勸人們遵紀守法，循規蹈矩，避免陷於刑律。他反對那種「不教而殺」、「不戒視成」的愚民、惘民做法，尖銳指出：「不教而殺之謂之虐，不戒視成謂之暴。」（《論語．堯曰》）認為不對人民進行教育，卻實行嚴刑峻法，無異於坑民、害民。孔子的這一思想可以用他自己的兩句名言來概括：

民可使，由之；不可使，知之。（《論語．泰伯》）

「可使」、「不可使」的「使」，即「小人學道則易使」的「使」，「易使」是人民知曉「義」之後達到的遵紀守法、循規蹈矩的狀態。孔子認為，如果人民知道規矩，依禮而行，就可以放手讓他們去自由行使權利；如果還不知道規矩，不能依禮而行，就要開導他們，使其知道。這是「教之」的準確表述。

輕刑，即不以刑罰為重，這一思想體現在下列格言之中：

導之以政，齊之以刑，民免而無恥；導之以德，齊之以禮，有恥且格。（《論語．為政》）

關於孔子的刑法思想，本書將有專章討論，這裡就不再贅述了。

第三節　亂中求治——正名

正名，即端正社會秩序，使各階層的人各行其是。正名的重要意義，孔子在《論語．子路》中有詳盡的闡述：

子路曰：「衛君待子而為政，子將奚先？」子曰：「必也正名乎。」子路曰：「有是哉？子之迂也，奚其正？」子曰：「野哉，由也！君子於其所不知，蓋闕如也。名不正，則言不順；言不順，則事不成；事不成，則禮樂不興；禮樂不興，則刑罰不中；刑罰不中，則民無所措手足。故君子名之必可言也，言之必可行也。君子於其言，無所苟而已矣！」

這段話集中反映了孔子的「正名」思想，現意譯於此：子路對孔子說：「衛君正等老師去處理政務，您將先從哪裡著手呢？」孔子說：「最迫切的是正名。」子路說：「有這樣做的嗎？老師您真迂腐呀！您將正什麼名呢？」孔子說：「太粗魯無禮啦，仲由！君子對他所不了解的，就缺之不說。名不正，說話就不能貫徹；說話不能貫徹，事情就難以成功；事情不能成功，禮樂就難以舉行；禮樂不能舉行，刑罰就不會準確；刑罰不準確，人民就不知道該怎樣辦才好。因此，君子的名分是可以用語言說出來的，說出來了就是可以履行的。君子不要輕率亂說話呀！」

什麼是正名呢？正名的內容是什麼？《論語．顏淵》為之作了注腳：

齊景公問政於孔子，孔子對曰：「君君、臣臣、父父、子子。」公曰：「善哉！信如君不君，臣不臣，父不父，子不子，雖有粟，吾得而食諸？」

正名即「君君、臣臣、父父、子子」，直譯即：君要像個君，臣要像個臣，父要像個父，子要像個子。即端正等級名分。為什麼做好這些工作那樣重要，值得孔子當成為政的當務之急呢？在儒家看來，世間天然地存在差別，社會形成各種等級，為了協調各等級間的和諧運轉，便形成了規定各等級名分的禮制，此即差別→等級→名分→禮制的演進過程。

荀子曰：

有天有地而上下有差，明王始立而處國有制。夫兩貴之不能相事，兩賤之不能相使，是天數(必然道理)也。勢位齊而欲惡同，物不能贍則必爭。爭則必亂，亂則窮矣。先王惡其亂，故制禮義以分之，使有貧、富、貴、賤之等，足以相兼臨者，是養天下之本也。(《荀子．王制》)

荀子闡述了貧富、貴賤產生的原因，他認為差別有其必然性:「有天有地而上下有等」;有其必要性:「兩貴不能相事，兩賤不能相使」。認為人事的差別在自然界(天地)中和自然規律(天數)中就具備了必然存在的因素(這也許歪曲了私有制的產生原因)，這是就差別的客觀性說的。但人事差別的直接原因還在人類本身：如果大家的勢力地位相等的話，那麼好惡也必定相同，要求也必定相同。可是財物有限，不可能滿足所有人的需求。嗜欲得不到滿足，就必然引起爭端，爭鬥起來天下就會大亂，大亂了人類就會同歸於盡。因此，先王不願天下大亂，就制定出不同的等級，那就是貧、富、貴、賤，使富有所役，貴有所使，貧有所奉，賤有所事。這就是等級名分。

孟子也說：

有大人之事，有小人之事……或勞心，或勞力，勞心者治人，勞力者治於人；治人者食人(取食於人)，治於人者食於人(供食於人)，天下之通義也。(《孟子．滕文公上》)

孟子從社會分工角度論證統治與被統治（即貴與賤）的關係。大人，指統治者；小人，指被統治者。二者分工不同，各有職分。他主張彼此要互相配合，社會才能正常運轉。當然，孟子也抹殺了階級之間的剝削關係。「大人」裡有天子、公侯、卿大夫、百官、士之分，「小人」裡有庶人、工商、皁隸、牧圉之別。先王制禮，各有分守。總體而言，就供養關係說，是「無小人莫養君子」；就統治關係說，是「無君子莫治小人」。具體來看，則是：「公食貢（貢賦），大夫食邑（采邑），士食田（祿田），庶人食力，工商食官（官府壟斷工商），皁隸（奴隸）食職。」（《國語・晉語》）牧圉為放牧樵採之人，與皁隸命運相同。天子擁有天下：「普天之下，莫非王土；率土之濱，莫非王臣。」（《詩經・北山》）天子擁有最高的權利。「禮樂征伐自天子出」，分封諸侯、制定禮樂、決定征伐，就許可權而言，又具有生殺予奪的最高權力。諸侯對上要聽命於天子，有拱衛王室的義務；對下有分賜大夫、士采邑和祿田的權利。大臣則臣服於諸侯，可參與政務，擔任官職，協助諸侯治理國家。士則多為大夫家臣或武士，為公、大夫所驅使。天子、諸侯、大夫、士構成政權（「大人」），共同統治和奴役庶人以下的平民和奴隸。在物質生活和文化生活上，各個等級的人也都各有其相稱的物質享受標準，具有明文規定，這就是禮制，這就是名分。

以上是政治生活中的等級名分。此外，在社會生活和家庭生活中，也有差別和等級，如男女、夫婦、父子、朋友等，也具有相應的名分。《左傳》文公十八年要求「父義、母慈、兄友、弟恭、子孝」；《孟子．滕文公上》要求：「父子有親，夫婦有別，長幼有敘（先後、尊卑），朋友有信」。此即倫理道德意識。儒家認為倫理先於政治，家庭先於國家，倫理道德是政治關係的基礎。《周易．序卦傳》：「有天地然後有萬物，有萬物然後有男女，有男女然後有夫婦，有夫婦然後有父子，有父子然後有君臣，有君臣然後有上下，有上下然後禮義有所錯（措）。」倫理是政治的基礎，家庭是社會的細胞。基礎固則上層牢，細胞健則肌體全。故《禮記．大學》：「欲平天下者，先治其國；欲治其國者，先齊其家。」此即修身、齊家、治國、平天下的士大夫的奮鬥之路。

無論是家庭生活還是社會生活，無論是倫理關係還是政治關係，其間都有差別、有等級。每個等級和每個群體都有自己的名稱，這就是「名」；每個等級和群體都有其特定的職位、權利和義務，這就是「分」。在禮教社會裡，一切名稱都代表著一定的內涵，要求人們去遵循和履行。社會為人們圈定了上上下下、大大小小、形形色色的位置，也為人們劃出了互相配合、互不衝撞的航道，要求人們在合適的位置上鼓起前進的風帆，共同駛向幸福的彼岸。

為了求得前進途中的協調行動，必須滿足以下三個條件：一日人稱其位，二日事稱其職，三日享受稱其分。這就是名正，滿足這三個條件即是名副其實。人稱其位，要求官無庸才，野無遺賢；事稱其職，要求恪盡職守，無越無僭；享受稱其分，要求衣食有度，享受中禮。如果小人在位，政治腐敗，負且乘，則盜思奪之。政府沒有威信，出政發令，無人奉行，此即「名不正則言不順」。如果人浮於事，官不奉職，便政事無成，此即「事不成」。如果享受越分，亂禮悖倫，禮壞樂崩，此即「禮樂不興」。禮樂既廢，規矩無存，或有作奸犯科，或有無知觸禁，二者混淆，難以區別，故「刑罰不中」。刑罰處理不當，人民動輒得咎，徘徊歧路，不知所之，此即「民無所錯（措）手足」。可見，正名是王政之本，治亂所繫，統治者欲亂中求治，固捨此而莫由。

孔子所處的春秋社會，正是一個名不正、言不順、禮壞樂崩、仁義屏跡的時代。天子衰弱，大國稱霸，禮樂征伐早已從天子而下移諸侯，又從諸侯下移至大夫、陪臣了。孔子曰：「天下有道，則禮樂征伐自天子出；天下無道，則禮樂征伐自諸侯出。自諸侯出，蓋十世希（稀）不失矣；自大夫出，五世希不失矣；陪臣執國命，三世希不失矣。」（《論語．季氏》）奴隸制國家政權已處於風雨飄搖之中，岌岌可危了。在社會、家庭中，亦是「以強淩弱，以眾暴寡」，全無友愛之心；上烝下報，子弑其父，社會倫理的堤防也早已被人欲的橫流衝蕩得全然無存。統治者醉生夢死，以樂藏憂，僭越無度。社會財富過分糜費，人民的負擔越來越重……人民在死亡線上掙扎，社會在黑暗之中沉吟，當時稍微有點遠見的士大夫也預感到危機的嚴重、末日的來臨。齊國晏嬰發出亡國的哀嘆，晉國叔向發出「季世」的悲鳴，但都沒有提出治世的大政方針。只有孔子提出了挽救喪邦失國的良方「正名」。他企圖用周禮的等級名分重新檢討社會，讓越禮犯禁行為收斂起來，恢復到本該具有的位置上去，人人知禮知分，個個遵紀守法，不溢不濫，人民盡成教化之民，國家復為禮義之邦，以安邦國，以興太平。這就是孔子正名思想的思路和最終目的。

第四節　為政在人——選賢才

政治是管理科學，是人管理人的科學，沒有好的管理者，怎麼進行政治呢？故找到理想的管理人選是政治最重要的事情。孔子曰，「其人存則其政舉，其人亡則其政息」，「故為政在人。」(《中庸》)。人才是政治興衰的保障之一，是事業成敗的關鍵所在。因此，當魯哀公問政於孔子，孔子曰：政在選賢(《韓非子．難三》)。當仲弓為季氏宰，問計於孔子，孔子曰：「選賢才。」(《論語．子路》)當子路問治國之術於孔子，孔子還是說：「尊賢！」(《說苑．尊賢》)孔子這位博學多才而又懷才不遇的大智大賢，對賢才的問題更是別有一番見解。

孔子認為，得賢可以立政，得賢可以治國，得賢可以王天下。他讚嘆古代養賢尊賢之人和知賢用賢之君。衛靈公是有名的「無道」之君，「其閨門之內，姑姊妹無別」，可是孔子反而稱他為賢君（《說苑．尊賢》）。魯哀公、季康子困惑不解，孔子回答說：「仲叔圉治賓客（外交），祝鮀治宗廟（禮儀），王孫賈治軍旅（軍事）。夫如是，奚（怎麼）其喪？」（《論語．憲問》）任用賢才，縱然是昏君庸主也可長保國祚。介子推年方十五，為楚國相，孔子甚感奇怪，派人前往考察，回來的人說：「廊下有二十五俊士，堂上有二十五老人。」孔子聽後說：「合二十五人之智，智（聰明）於湯武；合二十五人之力，力（強勁）於彭祖。以治天下，其固免矣！」（《說苑．尊賢》）得賢合眾，集思廣益，雖年幼稚嫩也可治理天下，而況一國乎？齊景公曾問孔子曰：「秦穆公國小處辟（僻），其霸何也？」孔子曰：「秦，國雖小，志大；處雖辟，行中正。身舉五羖（百里奚），爵之大夫，起累（縲）紲（拘捕）之中。與語三日，授之以政。以此取之，雖王可也，其霸小矣。」（《史記．孔子世家》）秦穆公任用賢人而稱霸西戎，孔子認為雖王天下也是辦得到的，何況才稱霸諸侯呢？其渴賢求賢之意，溢於言表。魯國孟獻子「以畜賢為富」，「孔子曰：孟獻子之富，可著於《春秋》。」（《新序．刺奢》）而臧文仲不舉賢者柳下惠，孔子斥之為「竊位」（《論語．衛靈公》）……凡此，無不體現出孔子敬賢、愛賢的熱切之心。

孔子的人才思想可歸納為：先德後才，德才兼備；量才錄用，不求全責備；不避親疏貴賤，唯才是舉；注重實際，不為表像所惑；信之任之，大膽用人。

先德後才，德才兼備。《說苑·尊賢》載孔子曰：「人必忠信重厚，然後求其知（智）能焉。……是故先其仁信之誠者，然後親之；於是有知（智）能者，然後任之。故曰：親仁而使能。」「忠信重厚」、「仁信之誠」為品德修養，屬於德。「知能」為才能本領，屬於才。對同一個人，應當先考察他的德，然後考察其才：「人必忠信重厚，然後求其知能焉。」對於候選人，應首先注意有德者（「仁信之誠者」），然後注意有才者（「知能者」）。對有德者採取親近的態度，而對有才者則採取使用手段。可見，孔子在考察人才時，是先德後才，親德使才。最好是德才兼備，其次是親近有德之人而使用有才之人。這種思想在另一則故事中表達得十分清楚。魯哀公問孔子：「請問取人。」孔子對曰：「無取健，無取鉗，無取口啍（ㄓㄨㄣ，多言）。健，貪也；鉗，亂也；口啍，誕（誇張）也。故弓調（正）而求勁焉。士不信愨而多有知能，譬之其豺狼也，不可以身邇（近）也。」（《荀子·哀公》）倘若一個人不誠、不信，而有才能，那猶如有尖牙利爪的豺狼，是千萬不能接近信任的。這就是先德後才的必要性。

哀公問曰：「何為則民服？」孔子對曰：「舉直（有德）錯（置）諸枉（歪邪），則民服；舉枉錯諸直，則民不服。」（《論語·為政》）

子曰：「舉直錯諸枉，能使枉者直。」（《論語·顏淵》）

這個道理與「負且乘，致寇至」、「政者正也」的道理相同。

量才錄用，不求全責備。在個人才能方面，孔子主張用人如用器，有一分長用一分長，有一分才用一分才：「君子……及其使人也器之；小人……及其使人也求備焉。」（《論語·子路》）又曰：「無求備於人。」（《論語·微子》）人各有長，用其所長，棄其所短，則世不乏才。

不避親疏，唯才是舉。春秋之時，世卿世祿、位勢津要皆為貴族所把持。孔子主張受過教育、德才優秀的平民子弟也可以進入仕途。他說：「先進於禮樂，野人也；後進於禮樂，君子也。如用之，則吾從先進。」（《論語·先進》）又說：「犁牛（耕牛）之子騂（赤色）且角（角形周正），雖欲勿用（祭神），山川其舍諸？」（《論語·雍也》）孔子有個弟子名仲弓，有才有德，「可使南面」統治天下，可惜他出身卑微，按禮制，是沒有資格從政的。孔子說：耕牛的兒子長得毛色瑰麗，角形周正，山川之神難道不喜歡牠嗎？於人亦然。因此，孔子對選伊尹於廚師之林的湯、舉五羖於縲紲之中的秦穆公，讚佩有加。與之相連的是，孔子還鼓勵人們出於公心，唯才是舉，不避親仇之嫌，這集中表現在他對祁黃羊的讚賞上。《呂氏春秋·去私》云：

晉平公問於祁黃羊曰：「南陽無令，其誰可而為之？」祁黃羊對曰：「解狐可。」平公曰：「解狐非子（你）之仇邪？」對曰：「君問（孰）可，非問臣之仇了。」平公曰：「善。」晉平公遂用之，果然不錯，國人稱善。後來平公又問祁黃羊曰：「國無尉，其誰可而為之？」對曰：「午可。」平公曰：「午非子之子邪？」對曰：「君問可，非問臣之子也。」平公曰：「善。」又用之，國人稱善。孔子聞之曰：「善哉！祁黃羊之論也，外舉不避仇，內舉不避子。祁黃羊可謂公矣！」[05]

祁黃羊本與解狐有私仇，當晉平公要求祁黃羊推薦人才時，祁黃羊毫不猶豫地推薦了他；祁午乃祁黃羊之子，祁黃羊也舉薦了他。「外舉不避仇，內舉不避親」，這就是出以公心，唯才是舉。《尚書·洪範》曰：「無偏無黨，王道蕩蕩。」祁黃羊可謂得古之良訓。後來，《禮記》將這一美德定為儒者的優良品性，曰：「儒有內稱（舉）不避親，外舉不避怨；程功積事，推賢而進，達之不望其報；君得其志，苟利國家，不求富貴。其舉賢援能有如此者！」（《孔子家語·儒行》）這真是金玉良言，千百年來激勵著正直的士大夫推賢舉能，譜寫了一曲曲動人的薦賢得賢之歌。

注重實際，不為表像所惑。孔子認為對人才有一個考察

[05]　此事又見於《左傳》襄公三年，其文曰：「祁奚（字黃羊）請老（退休），晉侯（悼公）問嗣（接班人）焉，稱解狐，其仇也。將立之而卒，又問焉，對曰：『午可也。』於是（當時）羊舌職死矣，晉侯曰：『孰可代之？』對曰：『赤也可。』於是，使祁午為中軍尉，羊舌赤佐之。君子謂祁奚能舉矣。稱其仇，不為諂；立其子，不為比；舉其偏，不為黨。」與此稍異。

過程，要其注重言行，不要為表面現象所惑。「君子不以言舉人，不以人廢言。」（《論語．衛靈公》）即不要僅僅根據其言論的好壞而定其去取。他主張「如有所譽，其有所試」（《論語．衛靈公》）。對一個人的稱譽，應先考察他的試用情況。他曾經談自己的親身經驗：「始吾於人也，聽其言而信其行；今吾於人也，聽其言而觀其行。」（《論語．公冶長》）先時，孔子聽人說了那樣的話，就相信他會有那樣的行動，後來孔子是聽了說話後，還要考察他是怎麼做的。因為光聽其言往往靠不住。他舉了兩個實際的例子：「吾以言取人，失之宰予；以貌取人，失之子羽。」（《史記．仲尼弟子列傳》）孔子說，如果以言取人的話，他差點讓宰予蒙蔽了；如果以貌取人，他差點失去了高材生子羽。為什麼呢？據記載，宰予「利口辯辯」，能言善道，但不接受孔子教誨，竟然想改掉為父母行三年之喪的禮制；又懶怠嗜睡，白日晝寢，被孔子斥為「朽木不可雕也」。子羽，即澹臺滅明，「狀貌甚惡」。孔子初以為他才薄，後來他教授生徒，弘揚孔子之教，有弟子三百人，「名施乎諸侯」。可見，要認識一個人不能單聽他的好言好語，也不能單憑他的長相外表，而應注重實際，注重真才實學。

信之任之，大膽用人。選賢舉能，目的是用賢，讓賢才發揮才能與「治國平天下」的作用，成就「博施濟眾」的偉業，而不是葉公好龍似地假尊賢，也不是儲藏珍寶似地將賢才束之高閣。有賢不用與無賢相同。《說苑・尊賢》：子路問於孔子曰：「治國何如？」孔子曰：「在尊賢而賤不肖。」子路曰：「范中行尊賢而賤不肖，其亡何也？」孔子曰：「范中行氏尊賢而不能用也。」治國的要務在尊賢，但范中行氏尊賢而不用，達不到尊賢的目的。孔子認為，人君發現了賢才，就應當信之任之，大膽用之。要做到這一點，首先須在心理上放心，大膽放權，讓賢才有充分的自主權，以便施展才華。鄭簡公好樂，但他任用子產，信任子產，子產無人掣肘，就將鄭國治理得很好，小小鄭國讓諸侯各國也敬它三分。他曾對子產說：「飲酒之不樂，鐘鼓之不鳴，寡人之任也。國家之不乂（安寧），朝廷之不治，與諸侯之不得志，子之任也。」孔子曰：「若鄭簡公之好樂，雖抱鐘而朝可也。」（《尸子・治天下》，見《群書治要》）鄭簡公與子產分工明確，自己管飲食、歌舞、享受，子產管國事、朝綱、外交。結果，鄭國大治。從鄭簡公的言論上看，他非常昏庸荒淫。但從實際效應看，他大權下放，讓賢者理政，這正是孔子稱讚他的原因。孔子不主張革命，不主張奪權，但他希望平庸之君將權力交給賢人代管。其次，要很好地做到信之任之，大膽用之，還必須力排譖言，有始有終。相傳堯欲傳天下給舜，鯀出來反對，曰：「不祥哉！孰（怎麼）以天下而傳之匹夫乎！」堯不聽，舉兵誅殺鯀於羽山之郊。共工又以相同的理由阻攔，堯仍不為所動，又舉兵誅共工於幽州之都。於是，天下再也沒有人反對傳賢的事。孔子評價說：「堯之知舜之賢，非其難，夫至乎誅諫者，必傳舜，乃其難也！」（《韓非子．外儲說右上》）知賢舉賢困難，但得賢之後，不為詆毀所動，對賢者堅信不疑，更是難乎其難。

唐太宗是中國歷史上能知人善任、舉賢用賢的一代明君，他曾說：「有賢不用與無賢等，用而不信與不用等。」歷史上許多昏庸之君有賢而不識，識賢而不用，用賢而不信……故亡國破家者有之。賢乎賢，家國之所繫，生民之所望，豈可忽視！

第九章　刑：仁者之思

孔子是仁人，是君子，還是聖人，仁人君子聖人談刑嗎？我們說，只要社會需要，孔子照談不誤。那麼孔子是怎樣談刑的呢？是在什麼情況下談刑的呢？

第一節　「孔子誅少正卯」的是非

在先秦至兩漢時期，盛傳這樣一則故事：孔子做大司寇，東折齊師，內隳三郡，贏得魯國從上到下的一片喝采，季桓子也十分信任他，兩人配合得很有默契，「三月不違」。後來，季康子乾脆將執政之事也交給孔子代理，這就是史稱「由大司寇攝行相事」。出人意料的是，孔子聽政才七天，就誅殺了魯國的知名人士少正卯。門人弟子多惑而不解，子貢問曰：少正卯是魯國的知名人物，老師執政伊始，便殺了他，恐怕有些失策吧？孔子說：「我告訴你原因吧，人間有五種比盜賊還嚴重的罪惡：一是見識高深，明白事體，但居心險惡；二是行為乖僻，專走邪路，並且態度堅決；三是宣傳謬說，而又能言善辯；四是對醜言醜行，博聞強記，擾亂視聽；五是行為虛偽，卻冠冕堂皇。少正卯兼有這五種罪惡[06]。他居

[06] 原文見《荀子．宥坐》：「一曰心達而險，二曰行辟而堅，三曰言偽而辯，四曰記醜而博，五曰順非而澤。」

處足以聚集門徒，形成非法組織；言談足以粉飾邪說，迷惑人心；頑固得可以倒非為是，勁挺難拔。這是小人中的奸雄，不可不誅。」

這條記載不僅見於《荀子》，《尹文子·聖人》、《說苑·指武》、《劉子·心隱》、《孔子家語·始誅》都有相同記載。《史記·孔子世家》和《淮南子·氾論》也提及此事，《史記》云「於是誅魯大夫亂政者少正卯」，稱少正卯為「大夫」；《淮南子》云「孔誅少正卯而魯國之邪塞」，將誅少正卯說成是孔子新政得以貫徹的重要措施。《論衡·講瑞》又說：「少正卯在魯，與孔子並，孔子之門三盈三虛，唯顏淵不去。」將少正卯作為當時與孔子唱對臺戲的旗鼓相當的教學對手。

綜合數家文獻可知：少正卯是魯國大夫，觀點與孔子相左。兩人對設學宮，招徠聽眾。少正卯劍走偏鋒，奇談怪論，因才辯的雄奇和言論的新穎，奪走了孔子不少信徒。孔子執政推行新政，少正卯又出來搗亂。其人屢教不改，態度頑固，拉幫結派，成為比盜賊還凶惡的孔子新政之大敵、前進之阻力。孔子為了推行新政，首誅少正卯，以殺一儆百，肅清道路。

關於孔子誅少正卯，先秦、兩漢乃至魏晉六朝文獻皆無異說。但自唐楊倞注《荀子》，懷疑〈宥坐〉「以下皆荀卿及弟子所引記傳雜事」，從此開啟懷疑〈宥坐〉內容真實性的論端，於是孔子誅少正卯的記載是否真實成為問題。後來王若虛《滹南遺老集》、閻若璩《四書釋地又續》、崔述《洙泗考信錄》、梁玉繩《史記志疑》都有專文駁辯，今人陸瑞家等人還著成《誅少正卯辯》專著。以上諸人都認為〈宥坐〉關於「孔子誅少正卯」不可靠。此外，各地學者十分關注這個問題的討論，紛紛撰文參加論戰。現在看來，以孔子曾誅少正卯之事來否定孔子一生及其思想，當然是愚蠢的、可笑的。但是，若認為講孔子誅少正卯就有損聖人完美的形象，因而一概加以拒絕，也是不可取的。因為肯定者或否定者，都沒有找到比《荀子》更有力的證據，如果僅僅從觀念出發就否定或肯定歷史記載的方法，都有悖於實事求是這條基本的求知原則。

且看否定派代表崔述的理由，「季康子問政於孔子曰：『如殺無道以就有道，何如？』孔子曰：『子為政，焉用殺？』……聖人之不貴殺也如是，焉有秉政七日而遂殺一大夫者哉」，「《論語》、《春秋傳》……未嘗一言及於卯，使卯果嘗亂政，聖人何無一言及之？史官何得不載其一事」，「非但不載其事而已，亦並未有其名。然則其人之有無蓋不可知，縱使果有其人，亦必碌碌無聞者耳，豈足當聖人之斧鉞乎」，「春秋之時，誅一大夫，非易事也，況以大夫而誅大夫乎」。結論是：「此蓋申（不害）韓（非）之徒言刑名者，誣聖人以自飾，必非孔子之事！」

可見，崔氏先從概念出發（「聖人不貴殺」），然後列舉了幾條反駁的證據，但不甚有力。從相反的角度看一下，這幾條理由似乎都有破綻：孔子固然說過「子為政，焉用殺」，但也說過「善人為邦百年，亦可以勝殘去殺也」(《論語．子路》)；又說「王者必世(三十年)而後仁」(《論語．子路》)。可見不用刑罰是有條件的，好人治國百年才能去掉刑罰，王者當政三十年才能廣行仁政。以德化民，需要時間，並非一朝一夕就能完成(參見劉寶楠《論語正義》卷十五)。孔子說「焉用殺」，並不是「不用殺」；孔子「不貴殺」也不是「不要刑」。治國安邦，必要的刑法是不可少的，何況孔子才為政七日呢？《論語》、《春秋傳》諸書未提此事，當別有隱情。二百四十二年間亡國破家之事甚多，《春秋》尚且不得一一俱書，疏漏此事，不足為奇，不能以諸書記載與否定其有無。況且，後來《禮記．王制》將少正卯五罪定為憲令，說明這一事件的用刑原則與儒家禮教並不相悖。至於說少正卯「亦必碌碌無聞者」，「豈足當聖人之誅」，卻不是忘記了「少正卯魯之聞人也」，「孔子之門三盈三虛」的記載了嗎？至於「以大夫誅大夫」並非易事，確乎其然。但大夫有數等，貴族有掌權與不掌權之分，以一個身望日隆、獨掌大權的大夫，殺一個僅會搖唇鼓舌、無權無勢、落拓在野的「大夫」，恐怕也不是一件難事吧？孔子曰：「攻乎異端，斯害也已！」(《論語．為政》)異端邪說一定要打倒，因為它影響真理(如果是真理的話)的貫徹，何況少正卯是個「言偽而辯」、「行辟而堅」的強勁對手呢。他不僅與孔子唱對臺戲，還弄得「孔子之門三盈三虛」，是一個讓孔子難堪惱恨的人。可見，崔氏的四條理由皆有問題。

對「孔子誅少正卯」這樣一個兩千多年前的懸案，在缺乏資料、沒有佐證的情況下，要做出精確考訂，是極其困難的。我們認為，對於孔子這樣的思想家，大可不必去為一些說不清的事硬性表態，而應該注意對其思想寶藏的開發。這裡，我們也只考察孔子的刑法思想。透過分析和歸納，孔子的刑法思想有以下四個特點：重禮輕刑，先教後刑，輕殺重生，寬猛相濟。

第二節　重禮輕刑
——導之以德，齊之以禮

孔子有一則世人皆知的名言：

道（導）之以政，齊之以刑，民免而無恥；道（導）之以德，齊之以禮，有恥且格（正）。（《論語．為政》）

意即：用政令來引導，用刑罰來整治，人民畏刑免於犯法，但沒有羞恥之心；用美德來引導，用禮教來規範，人民有羞恥之心，並且行為端正。政治法律的作用，在於先設禁，以嚴對人，人們知畏而免。子產云：「夫火烈，民望而畏之，故鮮死焉。」（《左傳》昭公二十年）韓非說：「夫嚴刑者，民之所畏也；重罰者，民之所惡也。故聖人陳其所畏，以禁其邪；設其所惡，以防其奸，是以國安而暴亂不起。」（《韓非子．奸劫弒臣》）嚴刑峻法雖然可以防止人民犯罪，但人們只知恐懼，不知是非，沒有恥辱之心，人成了法的奴僕，沒有絲毫品格可言。《說苑．雜言》亦載孔子曰：「鞭樸之子，不從父之教；刑戮之民，不從君之政。」暴力教育是出不了好後代的，嚴刑峻法也培養不出文明的臣民。峻法的過分實施，有可能演變成苛刑，無罪而有罪，小罪而大罰，法繁刑重，在所難免，因此為孔子所不取。他理想的為政措施是導德齊禮，用一種理想的道德人格來引導人民、感化人民，喚醒人民的良知，增益其善美之心，使其明於是非恥辱，依禮而行，個個由德而化，既不犯罪，又有人格的自覺與品格的尊嚴。這就是「有恥且格」。

怎樣導德齊禮呢？首先是「正名」，然後是勸善。正名，即調整社會各階級、階層的名分與行為之間的關係，使其吻合，名副其實。即孔子對齊景公所說的「君君、臣臣、父父、子子」，亦即荀子主張的「貴貴、尊尊、老老、長長」。孔子特別注重統治者自身的表率作用，認為：「為政以德，譬如北辰，居其所而眾星共之。」而不要立足於刑法，忽略治本，而以刑殺為威。更不是上行貪暴，卻責下清廉；上行殘忍，而責下忠孝。

季康子問政於孔子，曰：「如殺無道以就有道，何如？」

孔子對曰：「子為政，焉用殺？子欲善而民善矣。君子之德風，小人之德草，草上之風必偃。」（《論語．顏淵》）季康子被盜賊弄得很苦惱，問計於孔子，孔子對曰：「苟子之不欲，雖賞之不竊！」這個道理很簡單：上行下效，上梁不正下梁歪。正如《說苑．貴德》所云：「天子好利則諸侯貪，諸侯貪則大夫鄙，大夫鄙則庶人盜。上之變下，猶風之靡草也！然則民之盜賊，正由上之多欲！」國君好利，故屢禁奸而奸不止，屢倡廉而廉無蹤。無怪孔子要說：「其身正，不令而行；其身不正，雖令不從！」又說：「苟正其身，於從政乎何有？不能正其身，如正人何！」（《論語．子路》）

其次是勸善。勸善，即「齊之以禮」，「禮樂興」。因為在孔子那裡，禮以仁義為內容，代表善言善行，仁為愛人，義為尊賢；仁為推己及人，義為上下等級；仁是廣泛的施愛，義是恰當和適度。以仁義為內容的禮功用特大，禮教讓人「恭敬莊儉」（《禮記．經解》），故知禮無叛：「子曰：『博學於文，約之以禮，亦可以弗畔（叛）矣夫！』」（《論語．顏淵》）禮教可以使人生慈善之心，「使之哀鰥寡，養孤獨，恤貧窮，誘孝悌，選賢舉能……則四海之內無刑民矣！」（《大戴禮記．主言》）若讓禮教形成風俗，那就更好了，否則，若無禮教之俗，雖重刑亦不可禁。相傳孔子打了個比喻：

吳越之俗，男女同川而浴，其刑重而不勝（克服），由無禮也；中國之教，內外有分，男女不同椸枷（晾衣竿、衣

架），不同巾櫛（梳篦），其刑不重而勝，由有禮也。（《尚書大傳》引子曰）

可見禮教有勸善防亂的功能。

但是，不能因重禮輕刑而引申出用禮棄刑，聰明實際的孔子從來不做那種蠢事。重禮輕刑，只有主次、先後之分，而無取此捨彼之意。孔子說：「君子之道，譬猶防（堤防）與？」（《大戴禮記．禮察》）防，即堤岸。猶之乎水需要堤岸來約束，才不致氾濫一樣，人的行為也需要君子之道來管束和引導。堤岸是水流之防，禮制乃人行之防。防的設定是預先的、主動的、積極的。但水有時而溢岸，人亦有時而越禮。越禮的行為就會干涉和影響他人的權利和自由，必然加以整治。於是刑法生焉，賞罰作焉。《左傳》昭公二十五年說：「禮，上下之紀，天地之經緯，民之所由生也。」《管子．心術》云：「殺僇禁誅謂之法。」禮是積極主動的、引導型的，勸人行善走正路；刑法是消極被動的、強制型的，懲罰性的。《大戴禮記．禮察》云：「禮禁將然之前，而法者禁於已然之後。」兩者取長補短，相互為用。不過，禮的風化作用緩慢而微小，是無形之春風，是潤物之雨露，不易被人察覺和注意；而法的懲治作用迅速而明顯，是有形的、雷厲風行似的，容易被人覺察和注意。許多統治者只看到法的威力，而看不到禮樂的潛移默化作用，雖然也能禁民為非，但並沒有從根本上解決問題，此即「民免而無恥」。孔子比那幫昏君庸臣的偉大之處，正在於看到了禮教風化的作用，於眾人皆瞽盲之處看到了細微的、事關全體、長治久安的內容，那便是禮教，這就是他主張重禮輕刑、先禮後刑、禮法結合的遠見卓識，這就是他不贊成季康子以刑殺為威的原因。

孔子曰：「古之刑者省之，今之刑者繁之。其教：古者有禮然後有刑，以是刑省也；今也反是，無禮而齊之以刑，是以繁也。」(《尚書大傳》)先禮而後刑故刑省，無禮而齊之以刑故刑繁，多麼平凡的道理。

孔子曰：「聽訟吾猶人也，必也使無訟乎！」(《論語·顏淵》)

又曰：「使吾聽訟，與眾人等。然能先以德義化之，使其無訟。」(《漢書·賈誼書》顏注引)

孔子曰：「使我獄訟，猶凡人耳。然能先以德義化之，使其絕於爭訟。」(《漢書·酷吏傳》顏注引)

諄諄教誨，反覆表達的是同一個意思：讓我聽理獄訟案件，我也同眾人一樣，依法辦事而已。但是要問我的特別處，就在於以德導之，以禮化之，最終做到沒有刑獄。可惜，後人並不完全(或不願意)了解孔子的原意，善良的學者只看明白後半句，將孔子說成是只要禮不要刑的迂腐學究；而專制統治者又只讀明白前半句，祭起子云「聽訟吾猶人……」的亡靈。其實這些都不是孔子刑法思想的全部內容。

第三節　先教後刑——不教而殺謂之虐

《荀子．宥坐》有則故事說，孔子為魯司寇時，有一位父親控告兒子，孔子拘留之，三月不斷案。其後原告撤訴，孔子就把被告（兒子）放了。季康子聽了很不高興，說：「這老頭子欺騙我，教我要以孝治天下，現在他卻把一個不孝之子放了。」冉求把季氏的話告訴了孔子，孔子慨然長嘆說：

> 嗚呼！上失之，下殺之，其可乎？不教其民而聽（治）其獄，殺不辜也。三軍大敗，不可斬也；獄犴（獄訟）不治，不可刑也。罪不在民故也。嫚（不肅）令謹（嚴）誅，賊也；今生也有時，斂也無時，暴也；不教而責成功，虐也。已此三者，然後刑可即也。《書》曰：『義刑義殺，勿庸以即，予維曰未有順事。』言先教也。

孔子說，統治者治國有失誤，卻對因這種失誤而犯錯的下民嚴刑誅戮，這樣行嗎？不對人民進行教育卻去聽理因無知而發生的犯罪案件，就是殺不辜。三軍大敗，能夠全部斬掉嗎？法制沒有很好地提倡，就不可濫用刑罰。政治和教化有失，其罪不在人民。政令不嚴而誅罰嚴，這是成心害人；生產有時而聚斂無度，就是暴政；不進行教化卻責成其事，這是殘酷的做法。將這三者清除了，然後才可以對不聽令者用刑。這裡的對話，不一定是當時實錄，但其中「不教其民而聽其獄，殺不辜也」，「嫚令謹誅，賊也」，「不教而責成功，虐也」諸句，與《論語．堯曰》孔子答子張問政時指出的「四惡」一致，「子曰：『不教而殺謂之虐，不戒視成謂之暴，慢令致期（到時兌現）謂之賊……』」可見，這些言論並不與孔子思想相悖。而《尚書》所謂「義刑義殺」，就是孔子先教後刑說的思想淵源。

在孔子看來，帝王將相、百官公卿，他們的價值不在於能夠騎在人民頭上作威作福，腐化享受，也不在於能夠養尊處優，用等級來維繫特權。一個統治者之所以有價值，就在於他們能夠為人民謀福利，能為老百姓想到可以開發的利源，能幫助老百姓防止災難的發生。他對人民是組織者，是管理者，他可以調配好轄下的人力、物力來安定社會，造福於人民。就像《左傳》文公十三年說的：「天生民而樹之君，以利之也。」因此，君主和百官，他們在人民面前，猶師長，若父母，應當愛之護之，教之化之，教人民應做什麼、應怎樣做。他以身作則，教化天下。如果表率作用不夠，才有刑罰和懲處。孔子曾論述表率與刑罰的關係，「先王陳之以道，上先服（力行）之。若不可（未見效），尚賢以綦（教）之；若不可，廢不能以單（通憚，嚇）之。綦（教）三年而百姓從風矣。邪民不從，然後俟（待）之以刑，則民知罪矣」，「是以威厲而不試（用），刑錯（廢置）而不用，此之謂也」（《荀子．宥坐》）。先是以身作則，身體力行；其次是選賢舉能，激勵風俗；再次是廢除不肖，警懼貪鄙；最後才對屢教不改的「邪民」施以刑罰。言教、身教，以百官教、正面教、反面教，都不行，最後乃用刑罰來整齊之。

可是，現實社會卻恰恰相反。「今之世則不然：亂其教，其民迷惑而墮焉，則從而制之，是以刑彌繁而邪不勝。」（《荀子‧宥坐》）統治者自己把是非搞亂了，把教育搞垮了，自身腐敗了，社會已無公理可講，無是非可辨，統治者渾渾噩噩，人民惶惶恐恐，徘徊歧路，莫知所之。一旦這些無知的（但無罪）民眾走入邪途，卻又用嚴刑峻法處治他們，這無異於統治者預設陷阱讓老百姓跳，無異於統治者親手把人民推入火坑。這種做法豈不是揚湯止沸的蠢舉嗎？其結果必然是「刑彌繁而邪不止」。

東漢思想家王符說：「是故上聖不務治民之事，而務治民之心。故曰：『聽訟吾猶人也，必也使無訟乎！』」（《潛夫論‧德化》）可謂得聖人三昧。

第四節　重生輕殺——古之聽獄求所以生之

從前，商湯出巡，見羅鳥者設網四面，祝曰：「從天墜者，從地出者，從四方來者，皆來觸吾網。」湯說：「嘻！這樣就把鳥抓絕了。若非夏桀，有誰這樣做呢？」於是撤掉三面，改辭祝曰：「欲左者左，欲右者右，欲高者高，欲下者下，吾取其犯命者。」漢水以南的諸侯聽到商湯如此仁慈，相率歸附者四十餘國。這便是「網開三面」的故事，見於《呂氏春秋．異用》及《史記．殷本紀》等書。網開三面，用意在於克服苛察繳繞的做法，實行寬惠之政，讓人民在寬鬆自如的環境中生產、生活，避免動輒得咎，投足犯禁。

在司法上與網開三面思想相一致的，是孔子重生輕殺的慎刑主張。他說：「古之聽獄者，求所以生之；今之聽獄者，求所以殺之。」（《尚書大傳》引）他說「古」、「今」有兩種截然不同的司法精神：「古」者立足於無罪，總是找理由設法讓被告生存下來；「今」者立足於有罪，網羅周織，力圖將被告送上斷頭臺。兩種司法精神的側重點、立足點不同，在具體辦案中就會導致兩種完全相反的結果：前者可能巨網失吞舟，讓犯人逍遙法外；後者又可能捕風捉影，深文周納，造成冤假錯案。故孔子提出慎刑、省刑的主張，並認為省刑是本，繁刑是末：

孔子曰：「古之知法者能省刑，本也；今之知法者不失有罪，末矣。」（《漢書．刑法志》引）

他又說：

有虞氏不賞不罰，夏后氏賞而不罰，殷人則罰而不賞，周人則罰且賞。罰，禁也；賞，使也。（《太平御覽》卷六三三載《慎子》引）

又說：

語曰：「夏后氏不殺不刑，罰有罪而民不輕死，死罰三千饌（ㄓㄨㄢ ㄟ，重量，六兩）。」（《尚書大傳》）

這裡所說的歷代賞罰情況不一定準確，但它們表明了孔子崇尚輕刑慎罰的願望。孔子希望現實中從慎罰省刑開始，日益減少用刑數量，最終達到「有虞氏不賞不罰」的境界，實現其「善人為邦百年，亦可以勝殘去殺」、「四海之內無刑民」、「必也使無訟」的理想社會。

第五節　禮刑並用——寬猛相濟

禮禁於未萌，刑施於已然。重禮也好，重教也好，省刑也好，只可求得社會的大體和諧和人民素養的相對提高，但不能徹底排除越禮犯法等奸詐之徒產生的可能。教化是一個收效緩慢的過程，「王者必世而後仁」，「善人為邦百年」，才可以「勝殘去殺」。但是「勝殘去殺」、「無訟」、「無刑民」，只是一個理想中的境界，是存之於人心的涅槃，是久困於獄事之中的統治者、掙扎於死亡威脅上的人民都嚮往的「大同世界」，也是一個沒有犯罪才不用刑罰的社會。

但是，由現實通往理想之路依舊是漫長的黑夜，那裡還存在以強淩弱、以眾暴寡、上篡下僭，禮壞樂崩，盜賊奸宄，無惡不作……它們是君之敵、民之賊、禮之蠹，是社會的害群之馬，是教化的反對力量。對於這些，孔子不會熟視無睹、姑息養奸，過早地將理想搬之於現實，將有罪說成無罪。他也不會愚蠢地放下刑罰這把清除腐朽、保護社會肌體健康的手術刀，而過早地歌舞「刑措不用」的虛假昇平。孔子有「無訟」的理想，但也有「聽訟吾猶人」的實際精神。正如他在政治上內心嚮往著「大同」，腳底卻立足於「小康」，希望繼續前進，實現「大同」一樣。在刑罰問題上，孔子也是心想「無訟」，實際執行著慎罰省刑，最後達到「勝殘去殺」。他並不主張在現實生活中完全廢除刑罰，而是主張倡之以禮，刑之以法，寬猛手段互濟互補。這是非常實際的，也是非常可行的。

《左傳》昭公二十年記：鄭子產死後，子大叔不忍猛政，仍行寬政，結果鄭國多盜，嘯聚山林。大叔悔之，興兵攻盜，盡殺之，盜賊漸稀。孔子聞之曰：「善哉！」並發議論說：

政寬則民慢（無禮），慢則糾之以猛；猛則民殘（受虐），殘則施之以寬。寬以濟猛，猛以濟寬，政是以和（和諧）。

「寬」指放鬆統治，減輕控制，但如果不在禮教中進行，或者貫徹禮教有偏差，人民就會因不知規矩而越禮犯法，這就是「慢」。「猛」指雷厲風行，依法從事，這是懲治越禮犯法行為的補救措施。若用單純猛政來治民，將使民不聊生。因此，當猛政足以糾偏時，要不失時機地改施寬政，以便使人民休養生息。以寬養民，以刑糾偏，禮法並用，這正是孔子刑法思想的靈活運用。

孔子用法，其特別處不在於藉助具體規範來斷理案件，《史記·孔子世家》說：「孔子在位聽訟，文辭有可與人共者，弗獨有也。」在處理案件時，在判上並無與眾不同之處。孔子的特殊處，在於善於利用刑法莫測的神聖威力，形成一種先聲奪人、盪滌汙泥濁水的龐大氣勢，發揮未申而法已嚴、不刑而亂已禁的效果。

「唯名與器，不可假人」，刑法亦然。西元前 513 年，晉國鑄刑鼎，將范宣子刑法鑄在鼎上，公諸於世。孔子評議曰：

晉其亡乎？失其度（規矩法度）矣。夫晉國將（當）守唐叔之所受法度，以經緯（統治）其民，卿大夫以序守之，民是以能尊其貴，貴是以能守其業。貴賤不愆（越位），所謂度也。……今棄是度也，而為刑鼎，民在（注意）鼎矣，何以尊貴？貴何業之守？貴賤無序，何以為國？

後人多利用這段文獻論證孔子反對成文法，其實不然。在孔子看來，人民的權利就是依禮而行，就是遵守統治者合乎禮制的指教。貴族以及各級統治者的權力，不僅僅是祖先遺傳的爵祿和家產，更重要的是他們握有平民無從知道的量刑定刑的刑法。他們有教導人民做什麼、怎樣做的義務（即「導之以德，齊之以禮」），又有懲治不依教、不行禮者的權威。禮，教人該做什麼、怎樣做，這有明文規定。但當違禮犯禁後，定什麼罪、量什麼刑，卻藏之於祕府（並非無成文），斷之於宸衷，讓人民有一種莫測高深的畏懼感。可是晉國公開了，該當何罪、應受何刑，條條款款，章章在鼎，貴族和統治者把底牌都交給了眾人，還有何神祕和權威性可言？因此，孔子說，晉國的卿大夫失去了自己的神聖職權，人民都知道了刑法的內容，統治者失去了自己神威的資本，還有什麼威信？明文在鼎，法總有漏洞，難免刁民鑽法的空子。在上者無威信，在下者鑽漏洞，天下還不亂嗎？因此，孔子說晉國離滅亡不遠了。

孔子善於運用刑法神祕性，靈活使用賞罰二柄，治理天下，達到罰不行而奸已止的效果。相傳魯國都城附近的沼澤失火，北風呼嘯，火勢向南蔓延，威脅著都城曲阜的安全。魯哀公親自率眾滅火，誰知人們追逐野獸去了，火勢卻越來越猛。哀公召見孔子，孔子曰：「逐獸者樂而無罰，救火者苦而無賞，此火之所以無救也。」哀公曰：「善。」孔子曰：「事急，不及以（用）賞；救火者盡（全）賞之，則國不足以賞於人。請徒（只）行罰。」哀公曰：「善！」於是孔子下令曰：「不救火者，比降北（戰敗逃跑）罪；逐獸者，比入禁（進入禁苑）罪。」令下還未傳遍，火已經被撲滅了。（《韓非子·內儲說上七術》）這則故事可能係韓非假託，卻與孔子議刑鼎的思想一致。不救火者，當成投敵和逃跑處理；逐獸的，當成擅入禁苑處理。這在刑法上未必有此條文。如果當初魯國也把刑法公諸於眾，眾人必然會以孔子之令為戲言，不予理會。但這樣宣布，在當時卻是十分必要的。也許這正是孔子反對將刑法公諸於眾的妙用所在。

用不測之刑，行不測之賞，威重而民服，奸宄斂跡。相傳魯國有沈猶氏者，早晨將羊灌飽了水以欺市人；有公慎氏者，娶妻而淫蕩不止；有慎潰氏者，奢侈驕縱；又有魯國市場賣牛馬者，多高抬物價……但一聽說孔子當司寇，沈猶氏不敢朝起灌羊以水了，公慎氏將妻子休掉了，慎潰氏越境遠逃了，魯國賣牛馬的都不敢高抬物價……這段記載最早見於《荀子．儒效》，後來《史記》、《新序》都有類似的說法。如果其說不虛，當與孔子一生提倡教化、主張行不測之刑有關。

在理想上是「無訟」、「勝殘去殺」，在現實中是省刑慎罰。用德政來感化人民，用禮教來移風易俗。民俗敦厚，人心向善，減少犯罪，減省刑罰。堅持不懈，長久努力，最後達到「刑措不用」的境界。著眼點在愛民、生民，在教民，而不是殘民、殺民、虐民，但又不放棄刑罰、姑息養奸。用禮、用教來積極預防，用刑用罰來糾敝補偏，這就是孔子靈活的刑法思想，值得後人深思汲取。

第十章　孝：中華國粹

孝的情感是溫馨的、令人陶醉的，由古代的東方，浸潤漸衍至於當代全球，真不愧是超越時空的情感，具有永恆和普遍的價值。曾子稱讚「孝道」是放之四海而皆準的情感，果然沒錯。

將孝當作人倫的基點，成為立身之本；將孝作為一種社會公德，形成敬老愛老、以老為權威的社會風氣；將孝作為立國之本，甚至以孝治天下，是中華國粹。這一國粹的形成，與孔子的提倡分不開。（《說苑·建本》孔子說：「立身有義焉而孝為本。」）

第一節　孝的釋義

從詞義上考查，「孝」字與老、教、斆、學、效、校，古音相近，意義相關，可視為一組同源詞。「孝」字從老從子，一則表示孝之事發生在青年（子）與老年（老）之間，孝與老同源。二則表示教育，其字老者居上，少者居下，意即「老年為典型，少年之師範」，故孔子曰：「夫孝，德之本也，教之所由生。」（《孝經》）明確指出教育、教化起於孝。《禮記·王制》：「有虞氏養國老於上庠，養庶老於下庠。」《孟子·滕文公上》：「庠，養也。」趙岐注：「養者，養耆老也。」《禮記．禮運》：「三老在學。」可證，以老人居學以教弟子，乃中國上古教育之實況，而國學養老的目的即在於教育。教育是授受關係，是教者和學者互相活動，故自老者言之，為「教」為「斆」，為施教；自少者言之，為「學」為「效」，為受教。至於「校」，與「庠」、「序」皆同音聲轉，為施教之所。可見，孝與教、學、斆、效、校同源而近義。

從孝字到教、斆、效、校字形的演變可以看出上古中國教育的發展史，也可看出「孝道」演變與形成的簡單歷程。

首先有「孝」，老年為青年之師長、楷模，身教言傳，身教為品德方面的榜樣，言傳乃知識方面的教誨，身教為人倫，言傳為道藝。後來，孝遂分出人倫和道藝兩途。人倫方面仍稱「孝」，知識方面改稱「教」或「斆」。從青年角度看，人倫的模仿為「效」，知識的吸收為「學」。民生之初，老年人兼具品德和知識的優勢，足以成為後生之師範，在自由、平等的原始社會裡，這老少之間的言傳身教、效法學習，是十分和洽愉快的。孔子曰：「是故其教不肅而成，其政不嚴而治。」（《孝經》引）即是這種輕鬆教育的具體說明。隨著剝削和壓迫的產生，社會上世風日下，人心不古，老年人在知識和品德方面不再那麼純粹，不足以厭服青年之心，於是人為的權威出現了，「孝」、「學」被加上「攴」（鞭撲），成了「教」、「斆」、「效」，教與學帶有強制內容，不再那麼和諧平等了。

就像政治的本義是「正」（孔子曰：「政者，正也。」），即統治者先正自己，然後才能正天下。由於統治者不能正自己，不能以表率的作用正天下，故特加以鞭撲（攴），成了「政」字。這裡，哪還有「其教不肅而成，其政不嚴而治」的影子？

社會上有些人坑蒙拐騙，弱肉強食，無惡不作。社會這個本來十分理想的大課堂，再也不能作為教育和培養青年的場所了。於是設立學校，將其用木柵欄圍起來，外加一道泮水，讓青年與世隔絕，去接受那種經過提純了的經典化教育，於是產生了「校」（或庠、序）的形式，這種形式一代又一代傳了下來（有趣的是古代刑具也稱「校」，《周易》「荷校滅趾」），「孝」也變成了青年對老年人的絕對服從：「五刑之屬三千，不孝為大。」（見《孝經》）而它原有的老年人做出榜樣讓青年學習和效法的本義，便泯滅無存了。這亦是歷史所迫，時勢使然。

第二節　孝道與魯國政治特色

孔子之所以形成以孝為基礎的思想，與他所處的歷史背景和成長土壤有關，尤其是與魯國「尊尊親親」有直接關係。

《呂氏春秋．長見》載，「呂太公望封於齊，周公封於魯，二君者甚相善也。相謂曰『何以治國？』太公望曰：『尊賢上功。』周公旦曰：『親親上恩。』太公望曰：『魯自此削矣。』

周公旦曰：『魯雖削，有齊者亦必非呂氏也』」。《漢書．地理志》亦有相同記載。

這裡，揭示了齊魯兩國不同的治國原則。齊國以「尊賢尚功」為基本國策，具有目的性質。魯國則以「尊尊親親」為基本國策，重視倫理道德。魯國重視倫理的結果，是脫不掉沉重的人情關係，能人賢人不被重用，國力日益削弱；齊國尊賢尚功的結果，是國力富強，稱霸天下。但是，齊國尚功，給野心家可乘之機，而疏遠親舊，又無公族輔翼，故齊國傳了二十四君之後，即被權卿田氏取代了。魯國崇尚親親，故公族一直是輔政的力量，很少出現弒君現象，也沒有被別姓移鼎，共傳了三十四代。

《論語．微子》亦載：

周公謂魯公（伯禽）：「君子不施（弛，疏遠）其親，不使大臣怨乎不以（用），故舊無大故則不棄也，無求備於一人。」

周公封於魯，自己留在京都洛陽輔佐周王，派兒子伯禽赴任治國，臨行，周公傳授伯禽四條治國方略：一是不要疏遠親屬，不要冷落大臣，不要無故疏遠故舊，不要求備於一人。其中「不施其親」即《呂氏春秋》所謂「親親尚恩」，周公將它置於四訣之首，充分體現了魯國政治的倫理色彩。

由於周公的提倡，魯國從上到下都十分注重倫理，形成了以孝道為特徵的民風民俗，強調對老人的尊敬和順服。

受父母之邦文化薰染，孔子的思想言行也打上了濃濃的孝的烙印。《荀子．儒效》曰：「孔子在州里，篤行孝道。居於闕黨，闕黨之子畋（獵）漁，分有親者得多，孝以化之。是以七十二子自遠方至，服其德也。」孔子受魯國孝文化的影響，在州里親身行孝，與闕黨之子打獵，對有老親的人多分一些，這樣又影響了風俗，招來了弟子，促成了孝道美德的普及和推廣。

第三節　孝弟為仁之本——孔子論孝

孝雖是魯國傳統，但大力提倡孝，特別是對孝進行系統闡述者，卻始自孔子及其弟子。孝的功能是什麼、孝在人生修養中的地位怎樣、怎樣對待老人才是孝、行孝時有什麼注意事項等方面，孔子都作了簡明扼要的說明。

孔子認為，孝是人倫之本，是德行之本，是為政之本。在個人修養上，他要求人們從行孝做起；在從政方面，他主張從倡導孝道上做起。孔子曾向弟子指示修身次第曰：

弟子入則孝，出則弟（悌），謹而信，泛愛眾，而親仁（仁人），行有餘力，則以學文。（《論語．學而》）

進家門對親人行孝；出家門對長輩敬順；言語謹慎，嚴守信用；博愛眾人，親近仁人；這些倫理道德做好了，行有餘力，才學習禮樂文章。

為什麼修身要以行孝為始，因為仁德的本質就是孝：「仁者人也，親親為大。」(《禮記‧中庸》)仁德的首要任務是親親，孝就是對親人的熱愛。有了對親人熱愛的孝心，然後將這份愛心推而廣之，「老吾老以及人之老，幼吾幼以及人之幼」(《孟子‧梁惠王上》)。引愛親之心以愛天下之人：你愛我的親，我愛你的親；你愛我的兒女，我愛你的兒女。天下之人成了一家，還會有爭奪之事發生嗎？

推而廣之，將孝道推向社會，還有更為廣泛的好處。有子曰：「其為人也孝弟，而好犯上者，鮮矣。不好犯上而好作亂者，未之有也。君子務本，本立而道生。孝弟也者，其為仁之本與？」(《論語‧學而》)孝道，始於親親，順至尊長，進而忠君。親親，尊長，忠君，故不會犯上。不犯上，當然也就不會作亂。個人修養從行孝做起，就可以培養仁愛之心，成為仁人；對孝道的提倡者，透過提倡孝道而達到天下團結，就實現了仁政。孝就是修身的根本，也是為政的根本。君子治世，就要從根本入手，根本一定，枝葉必繁。君子抓住孝這個根本，必然使仁道大行於天下。《論語》說「有子之言似孔子」。有子關於孝之功能、孝之地位的論述，必定不悖於師訓，故其「孝為仁本」的命題，就是孔子孝道思想的準確表達。

既然孝在政治上有這些功能（不犯上、不作亂），統治者就要加以開發和利用，以便「移孝為忠」。「移孝為忠」有兩個途徑，一是勸人民將親親的孝心轉移為事君的忠心；二是統治者力行孝道，贏得人民的好感。《孝經》曰：「夫孝，始於事親，中於事君，終於立身。」在專制統治者心目中，國家好比大家庭，國君就是家長，《詩》云：「愷愷君子，為民父母。」故「君父」連詞。對父親的孝，移之於君，便是忠。父死，孝子服孝三年。同樣，「資（借）於事父母以事君而敬同」，「故為君亦服喪三年」（《禮記‧喪服四制》）。此外，出於上行下效的考慮，孔子認為「移孝為忠」的最佳辦法是統治者身體力行，自己先服孝道，做出榜樣。季康子問：「使民敬，忠，以勸（鼓勵），如之何？」孔子曰：「臨（蒞臨）之以莊，則敬；孝慈，則忠；舉善而教不能，則勸（受鼓舞）。」（《論語‧為政》）「孝慈，則忠」，孝是對長而言，慈是對晚輩而言，都是親親的情感。統治者在自己家裡尊長愛幼，就可換得人民對他的忠心。齊家又治國，一箭雙鵰，何樂而不為呢？故孔子認為行孝就是為政的內容之一。他曾說：「《書》云：『孝乎唯孝，友於兄弟，施於有政。』是亦為政。」（《論語‧為政》）

《孝經》進而賦予孝道天地法則的神祕性，說人們行孝就是法天則地，合乎規律，順乎自然，教化不用威猛就成功了，政治用不著嚴厲就大治了。說：「夫孝，天之經也，地之義也，民之行也。天地之經，而民實則之。則天之明，因地之利，以順天下，是以其教不肅而成，其政不嚴而治。」由於魯國以親親為治本，故無弒父之熾；漢朝以孝治天下，故無殺君之烈。因此，沉溺於「梨園子弟」輕歌曼舞的唐玄宗，儘管可以「不早朝」，但不能不且停簫管，注釋《孝經》，以闡發那「以順移忠」（《孝經序》）的微言大義。

孝是仁之本，政之本；可以經天地，緯邦國；明教化，和人倫，安社稷。實行孝道，實在是兼教化和政治而雙獲的事情。那麼怎樣才能做到孝呢？

《孝經》引孔子曰：「孝子之事親也，居則致其敬，養則致其樂，病則致其憂，喪則致其哀，祭則致其嚴。五者備，然後能事親矣。」《孝經》據說是曾子所傳孔子之言，曾子親受於孔子，其中所引孔子的言論，當與孔子本意出入不大。這段話是孔子論孝道內容的綱領，他將「孝」的內容分為五種：平日居家要尊敬老人，奉養老人要使其快樂，老人病了要為之擔憂，老人死了要盡哀悼之心，祭祀時要嚴肅認真。只有做到了這五件事，就可以算是盡孝了。如果將這五項歸類，約有三大主題，即物質奉養、態度恭敬和喪祭依禮。

子夏問孝，孔子曰：「色難。有事，弟子服其勞；有酒食，先生饌（享用）。」（《論語．為政》）色難，要求和顏悅色，態度恭敬；有事弟子服勞，即幫助老人；有酒食先生饌，即對老人物質奉養，這是對「養則致其樂」的具體說明。分屬於供養和態度兩類。

有人簡單地認為，盡孝就是為老人提供食品，而不注意態度和方式方法，孔子不以為然。子游問孝，孔子曰：「今之孝者，是謂能養，至於犬馬，皆能有養，不敬，何以別乎？」（《論語．為政》）他說，今之人講孝就說是養活老人，至於犬馬也能致養，如果奉養老人而沒有敬意，這與犬馬之養有什麼區別呢？這是對「居則致其敬」的說明。有養而無敬，則與豢養普通動物無別。居則致敬，養則致樂，才算是孝。如果致養而不能使老人快樂，就算不得孝。在敬與養兩者之間，孔子甚至認為致敬比致養還要重要。《禮記．檀弓下》載，子路為無錢養親而感嘆說：「傷哉貧也，生無以為養也，死無以為禮也。」孔子說：「啜菽飲水，盡其歡，斯謂之孝。」只要能夠讓老人高興，就是吃雜豆食物、喝清水，也稱得上是孝。從老年心理學的角度看，人老年邁，體弱多病，生活缺乏自理能力，他們感情脆弱，情感上容易受到傷害。孝敬老人，態度和容色的恭順與否，往往比實物的豐盛與否更顯必要。因此，孔子特別強調態度的重要性。

有養有敬，若行不由禮，越禮犯禁，也是要不得的，故盡孝也需要節之以禮義。孟懿子問孝，孔子曰：「無違。」又說：「生事之以禮，死葬之以禮，祭之以禮。」（《論語．為政》）盡孝之時，不論物質的提供，還是態度的恭順，甚至死後的喪祭，都不能任意妄為，而應符合禮義，依禮而行，這是對「喪則致其哀，祭則致其嚴」的具體說明。喪禮盡哀、祭神如神在，正是孔子禮教思想的內容之一。

年老身弱，容易生病，孝子還應隨時為老人的身體擔憂。孟武子問孝，孔子曰：「父母唯其疾之憂。」（《論語‧為政》）這是對「疾則致其憂」的注解。孔子告誡為人子者，要隨時記住父母的年齡，提醒自己及時盡孝。他說：「父母之年不可不知也，一則以喜，一則以憂。」（《論語‧里仁》）記住父母的年齡，一方面對父母高壽而高興，一方面也為父母年邁而擔憂。

此外，出於對父母養育之恩的報答，儒家還要求孝子不要毀傷自己的身體，因為「身體髮膚父母所授」；不遠離父母，即使不得已遠離也要報告自己的位置：「父母在，不遠遊，遊必有方。」父母在的時候，不要做亡命的事，即使是對朋友也不要輕許以死：「父母存不許友以死」；死後服三年之喪；光祖耀宗（「立身行道，揚名後世，以顯父母，孝之終也」）等。《孝經》還根據社會地位，劃分行孝的等級和具體內容，有所謂天子之孝、諸侯之孝、卿大夫之孝、士之孝、庶人之孝等。

第四節　幾諫——孝子的禁忌

在孔子那裡，孝道是一種理智的、有原則的對老人的愛，與後來所謂「君要臣死，臣不得不死；父要子亡，子不得不亡」的橫蠻理解迥然不同。孔子的孝，是以「君君、臣臣、父父、子子」的等級名分為前提，首先要求長輩自節自律，做一個合格的長輩。就像「臣事君以忠」首先以「君使臣以禮」為前提一樣，子孝亦當以父慈為前提。要求子女事親盡禮，同時也要求長輩言行中禮。如果長輩違背禮制，甚或有不義之舉，切不可愚忠愚孝，同流合汙，也不可聽之任之。遇到這種情況，孔子說晚輩有勸諫的義務，只是要注意方式和方法。

《論語・里仁》載孔子曰：

「事父母，幾（婉轉）諫。見志不從，又敬不違，勞（憂愁）而不怨。」

《孝經》亦載曾子曰：

「敢問子從父之令，可謂孝乎？」子曰：「是何言與？是何言與？昔者天子有爭（諫諍）臣七人，雖無道，不失其天下；諸侯有爭臣五人，雖無道，不失其國；大夫有爭臣三人，雖無道，不失其家；士有爭友，則身不離於令名；父有爭子，則身不陷於不義。故當不義，則子不可以不爭於父，臣不可以不爭於君。故當不義則爭之，從父之令，又焉得為孝乎？」

《禮記．內則》說：

「父母有過，下氣怡色，柔聲以諫，諫若不入，起敬起孝。說則復諫。與其得罪於鄉黨州閭，寧孰諫？」

「君子成人之美，不成人之惡」，「孝子揚父之美，不揚父之惡」（《穀梁傳》隱公元年）。人非聖賢，孰能無過，父母也不例外。「事父母幾諫」，「當不義則爭之」，形式上似乎違拗了父母的意志，但實際上制止了父母的不義之舉，成全了父母的德行美名。這同樣是出於「君子成人之美，不成人之惡」的仁人情懷。只是，父母畢竟是父母，孝子在進諫時要特別注意態度和方法。

相傳曾子曾為瓜苗耘草，誤傷瓜根，其父曾皙很生氣，一棒把曾子打暈了。許久，曾子才甦醒過來，還怕父親擔心，援琴彈之，以示無恙。孔子聽後非常氣憤，告誡門人：「曾參若來，不要讓他進屋！」曾子覺得很委屈，孔子說：「汝不聞瞽叟有子，名曰舜？舜之事父也，索（尋）而使之，未嘗不在側；求（找）而殺之，未嘗可得。小笞則待（等），大笞則走（跑），以逃暴怒也。今子委身以待暴，立體而不去，殺身以陷父不義，不孝孰是大乎！汝非天子之民邪？殺天子之命奚如？」這個故事見於《韓詩外傳》卷八、《說苑．建本》。情節可能與事實有出入，但所表達的思想與孔子毫無二致。孔子的孝道是有原則的，其原則就是義；孝是有準繩的，其準繩就是禮。合乎義、合乎禮的事就順從，否則就勸諫，就迴避。愚昧盲從，不是真正的孝子行為。

愚忠愚孝，乃忠臣之大忌，孝子之大忌！

第五節　餘話——孝思尋源

上文我們對孝的本義、孔子孝道思想的內容作了概括性闡述，這裡再對孝道產生的歷史文化背景贅述一二。

孝的系統思想當然應始於孔子，但孝作為一種被社會普遍接受的人倫觀念，不是某個聖人一朝一夕的靈感發現或心血來潮，而是人類歷史發展的產物。孝道不僅帶有民族社會血緣紐帶濃厚的親親之情，還打上了階級社會旨在保證家族穩定和財產權利順利傳遞的宗法制的烙印。同時，孝的觀念還反映了在古時中國這個農業國度裡，人們對知識和能力的尊重和追求。

在遊牧民族那裡，人們以鞍馬為家，逐水草而徙，「寬則隨畜田獵禽獸，急則人習戰攻以為侵伐」，力量便是一切，有力量便擁有一切，無宮室、城廓可繼，亦無財富、知識可傳，惡劣的環境和生存的需求，迫使他們不得不「貴壯健，賤老弱」，使「壯者食肥美，老者飲食其餘」（《史記·匈奴列傳》）。在那裡，「七十者衣帛食肉」，「斑白不提攜」（《孟子·梁惠王上》）的理想，簡直是不可思議的天方夜譚。因此，很難在遊牧社會中形成尊老愛老的「孝道」觀念。無論是歷史的記載，還是現代人類學的研究結果，都證明如此。

農業社會則不然，他們聚族而居，樂土重遷，有城廓、溝池、山林、田土等不動產以及糧食、絲綢、珠玉等可動產，由於財產繼承關係，必然要求下一代對上一輩絕對恭順。特別是從事農業生產所必需的各種知識，諸如天文、曆法、山川、水土、種植、畜養等，需要人們代代相傳，不斷累積。在文化還不發達的古代社會，知識還沒有脫離人的載體得到獨立儲存，上一輩就成了下一輩的知識庫，老年人成了青年人取法的師長和學習的課本。「雖無典型，猶有老成」的古訓，正是這一實際的真實反映。直到春秋戰國時期，這一遺風猶存而未改，《荀子．法行》所謂「老而不教，死無思也」，以及儒家典籍中關於國學養三老以教國子的記載，就是以老為學的歷史證明。

可見，「孝道」觀念既具有氏族社會就產生了的親親之情，此乃人類共性；也具有宗法制特徵，這是中華社會的特質;還具有生活在農業社會中的人民尊重知識和才能的意識，這是中華民族的優良傳統，不失為中華文化的國粹。「孝道」觀念經孔子提倡、闡釋得到發揚光大。因此，我們說以孝治天下是中華文化的一大特色亦可，說孝道思想是孔子對中華歷史的一大貢獻也未嘗不可。

第十一章　鬼神：理性思考

生生，死死，鬼鬼，神神，吉吉，凶凶，這些從人誕生起就困擾著人類的問題，無時不干擾著人們的思維，無時不影響人們的進取。孔子的時代是智性初啟、祕信依舊的時代，孔子生於其中，不可能不受時代思潮的影響，不可能不對充斥於思想界的神祕之學有所論評。那麼，身為一代偉人的孔子，又是怎樣看待鬼神問題的呢？

第一節　死後知與無知的二難定義

與對天命的態度頗不一致，孔子對鬼神世界以及進入鬼神世界的門檻——死的問題，抱著迴避態度，謹慎而不加評論：「子不語怪、力、亂、神」（《論語．述而》）。如果說天命是一種客觀必然性和超人的道德力量，是人必須尊奉的話，那麼，天命在上，人們則而法之，奉而行之就夠了，天命既知，天道已明，重要的是切切實實的人事的努力，沒有必要再為名目繁雜、法力各異的諸色神眾的存在與優劣去多費腦筋，更不值得過多憂懼於神的喜怒、鬼的禍福做。天命在彼，人事在此，只要天人相互順承贊助，百事可畢，諸神就成了多餘的角色。

因此，當子路問侍奉鬼神和生死之事時，孔子曰：「未能事人，焉能事鬼？」又說：「未知生，焉知死？」（《論語．先進》）未能對在生的人事奉好，還奢談什麼敬鬼之事呢？現生的事都還沒有思考好，還能知道死後的事嗎？事鬼、死知，與現實相比，不能不居次要地位。現實的事都夠人們忙碌的了，還顧得上去談鬼神和死後的事嗎？言下之意，就是要求人們注重現實，不要去為說不清楚的神祕之事傷腦筋。

關於死的問題，主要是如何對待當時普遍存在的死後有知還是無知之疑的問題。《說苑．辨物》記載云：

> 子貢問孔子：「死人有知無知也？」孔子曰：「吾欲言死者有知也，恐孝子順孫妨生以送死也；欲言無知，恐不孝子孫棄不葬也。賜欲知死人有知將（還是）無知也；死徐自知之，猶未晚也。」

孔子為什麼不直接回答死後有知無知的問題呢？主要是出於實際效用的考慮。他說：我想說死後有知，又怕孝子順孫們厚葬久喪，影響生計；我想說死後無知，又怕不孝子孫連他父母的喪事都不辦了。由此，我們不難體會出，孔子對於死後有知是持存疑態度的，但又不便明說。主要是由於人們的道德素養普遍有待提高，對一些信仰領域的事情，如果過早作出違背時代認知水準的無神論解釋，反倒有違時俗，造成不良影響。在他看來，知道天命、明確使命的人，便已是一個獨立於自然而又順應於規律的自由人了。他已經洞察了支配萬物生滅死絕的必然性，也清楚地了解了人在宇宙體系中的地位和使命，進入了一個超達於萬物，擺脫了怨恨(「不怨天，不尤人」)、懊悔和恐懼(「內省不疚，亦夫何憂何懼？」)，進入了高智慧、高情調的仁智境界。即使是死的恐懼，也可以從人類在宇宙秩序中的位置和萬物生滅的必然性中得到克服。

巴魯赫．史賓諾沙(Baruch Spinoza)說：「自由的人最少想到死，他的智慧不是關於死的默念，而是關於生的沉思！」生固然可愛，但那不過是宇宙秩序中的一種暫時現象；死固然可惜，但那也是宇宙秩序中的一種必然現象。生猶來，死猶歸，一來一往，同為宇宙之執行；有來必往、有往必歸，純屬客觀之必然。孔子對生命固然十分熱愛、珍惜、讚賞、歌頌，但對死也抱著達觀自然的態度，沒有沮喪，沒有恐怖。以生為行，以死為息，一個勤奮的人，在生勞勞碌碌，正好以死為休息，猶子貢所云：「大哉！死乎！君子息焉，小人伏焉。」(《荀子．大略》)《莊子》也說：「夫大塊載我以形，勞我以生，佚我以老，息我以死。故善吾生者，乃所以善吾死也。」生固可喜，死亦無懼。一個盡了自己努力，做了該做的事情的君子，對於死，坦坦蕩蕩，無所畏懼，他正好是一種休息。而對於苟且偷生、庸庸碌碌無所作為的小人來說，由於對人生的貪戀，就對死懷著惴惴不安的心情，死是一種可怕的不得不接受的懲罰。君子死且無所懼，死後對有知無知、鬼神世界的陰森恐怖，就不屑一顧了。孔子關心的是在生的業績和身後的令名，是盡人事，順天命，救現世，遺來思，表現出極高的理智的、曠達的人生觀。

第二節　敬鬼神而遠之

基於這樣的人生觀，孔子對當時盛行的各種宗教活動的實際效力持懷疑態度，認為過分沉溺其中，無補於人事。孔子患病，子路請禱，孔子曰：有諸？子路曰：有之。誄曰：「禱爾於上下神（天神）祇（地神）。」孔子曰：「丘之禱久矣。」（《論語．述而》）言下之意：若果真靈驗我早就祈禱過了，又怎麼會患病？

《新序．雜事五》記載魯哀公向孔子詢問風水術士所說向東擴建宮室（「東益宮」）不祥之事，孔子曰：「不祥有五，而東益不與（不在內）焉。夫損人而益己，身之不祥也；棄老取（娶）幼，家之不祥也；釋（棄）賢用不肖，國之不祥也；老者不教，幼者不學，俗之不祥也；聖人伏匿（隱居），天下之不祥也。故不祥有五，而東益不與焉。」損人利己是人身之災，棄老娶幼是家庭之災，遠賢不用是國家之災，不注重教育是風俗之災，聖人不為人知是天下之災，一切身、家、國、天下、風俗的災難，都是人事失調的結果。這裡沒有絲毫鬼神作祟、風水致病的餘地。人既然是天地間的精靈，他有力量為自己開創一個幸福的世界，當然也應為社會的罪惡負責，不應相信和依賴鬼神而放棄自己的努力，也不能將罪惡推咎於鬼神而自我開脫。幸福之路在你腳下，而秧禍的契機亦在你的身上，是福是禍全在人之所為。因此，孔子奉勸聰明的統治者：

務民之義，敬鬼神而遠之！（《論語．雍也》）

將精力放在引導人民從事正義的事業上，對鬼神祇可敬事，而不可親近，表現了孔子親人事、遠鬼神的理性精神。這是孔子鬼神觀的基本特徵，也是孔子思想中的閃光部分。

儘管孔子對鬼神和死後靈魂問題持懷疑和迴避的態度，但這絲毫不減少他對事鬼敬神（包括巫術和占卜）等禮儀活動的極大熱情。他似乎可從這些他並不相信其內容的形式中獲得享受和滿足，也似乎要借這一形式貫徹勸世的意圖。

《論語．堯曰》說孔子「所重：民、食、喪、祭。」將喪祭看得與人民和糧食一樣重要。《禮記．昏義》亦謂：「夫禮始於冠，本於昏（婚），重於喪、祭。」以孔子為首的儒家將禮教的重要內容定為「喪祭」。孔子自己特別強調祭祀活動應嚴肅認真，否則就是不恭敬：「祭如在，祭神如神在。」（《論語．八佾》）祭祖先就好像祖先存在，祭神就好像神存在。同理，如果不慎重其事，還不如不祭。孔子對盡力滿足於事鬼敬神之事的大禹讚賞有加：「禹，吾無間（非議）然矣；菲（薄）飲食而致孝乎鬼神！」（《論語．泰伯》）。都是對事鬼敬神之事（之禮）的承認和讚賞，似乎又與其懷疑和迴避鬼神問題的表現互相矛盾。明智如孔子、明白如孔子，何以對鬼神問題如此「斬不斷，理還亂」呢？為什麼孔子不能在懷疑鬼神的基礎上輕而易舉地、合乎邏輯地往前再跨一步，得出無神論的結論呢？這或許只能從歷史的背景（普遍尊神）和孔子的思想風格（吾從眾，重教化）上來找答案。

第三節　孔子鬼神思想探祕

從歷史背景看：夏、商、周正處於人類思維的神學階段，而孔子則剛好居於神學階段和他自己所開創的理性思維的分界點上。孔子考察三代文化特徵說：「夏道尊命（天命），事鬼敬神而遠之」，「殷人尊神，率民以事神，先鬼而後禮」，「周人尊禮，事鬼敬神而遠之」（《禮記．表記》）。大意就是說，夏代尊崇天命，順服上帝這個至上神，雖然也從事鬼神（多神）的祭祀，但不親近它，不依賴它。殷人尊崇鬼神（多神），從上到下都敬事鬼神，做事之前都要先問問鬼神，然後才採取行動。周人重視禮樂等人文制度，雖然祭祀鬼神但不親近它，不依靠它。這種總結基本上是合乎歷史實際的。夏道幽遠，不可得而詳；殷人尊神，則有殘存於今的十餘萬片甲骨卜辭作證。周人在革殷之命的大變革中，已經形成一股懷疑天命和鬼神的思潮，如《尚書．君奭》云「天不可信」，《詩．大雅．文王》云「天命靡常」，等等。但是否已形成「事鬼敬神而遠之」的社會風氣，則大可懷疑。既然武王生病，思想進步的周公還向祖先眾神祈禱以身相代；既然《周禮》當中還有那樣多的諸卜、諸祝、諸巫的設官分職，在「統治階級的思想從來都是社會占統治地位的思想」（馬克思語）的階級社會，周朝社會縱然不像殷人那樣巫風熾烈，想必在生活和意識中，也不缺乏大大小小的神靈。而在其禮制之中，難免有事鬼敬神的內容。因此，無論是「尊神」的殷代社會，還是「尊禮」的周人社會，鬼神意識和事神敬鬼的活動都是客觀存在的，其間只有程度不同的差別，並沒有有無的不同。孔子思想中這條難以割捨的鬼神的臍帶，就是這一社會存在的主觀反映，不必多怪。

從孔子的思想風格看，孔子思想有兩大特點：一是「從眾」（《論語．子罕》），二是寄託。寄託，孔子自謂之「竊取」。《孟子．離婁下》稱孔子作《春秋》，「其事則齊桓晉文，其文則史，其義則丘竊取之也」。其他，如從山中看到仁，從水中看到智，從欹器中看到持中，從彈琴中體會文王之風……都莫不是託物寄意。

從眾，表現在不輕改傳統、不違戾眾人、不標新立異等方面。這就決定了他不會完全拋棄事鬼敬神的祭祀活動，而是使用舊有的、為眾人所接受的形式，寓以新意，以施教化。他對於禮樂制度就是如此，司馬遷說他是「修起禮樂」（《史記·孔子世家》），即是說他利用舊有禮樂來施行教化，深得當時情態。孔子對卜筮本抱「不占而已矣」（《論語·子路》）的態度，但並不影響他「晚而喜《易》，讀之韋編三絕」。他也是希望借當時人們喜聞樂見的卜筮形式，寓教誨和規勸於其中。孔子雖然懷疑鬼神，卻又慎重其事的個中緣由，當亦作如是觀。

寄託型，也是從「從眾」發展來的。不欲違眾，故不輕易改變舊習；而不滿現狀，又必須對舊形式寓以新知，注進新內容。廖平說孔子「托古改制」，宋育仁說是「復古改制」，改制未必真，而托古、復古則實有其事。孔子並不靠自創新詞來炫人耳目，但一些舊詞、舊觀念透過孔子之口，便被賦予了新的內容，如「禮、仁、義、天命」等，莫不如此。「思無邪」三字，「思」、「邪」在《詩經》中都是虛辭，但孔子曰：「《詩》三百，一言以蔽之曰：『思無邪。』」（《論語·為政》）則將「思無邪」講成思想純正、不存邪念的意思，「思無邪」三字就字字有實義了。

《春秋》一書，更是孔子借史以寓政治與倫理思想之傑作。《史記·太史公自序》和《春秋繁露》皆記孔子的話：「我欲載之空言（創作），不如見之於行事之深切著明也。」孔子說：我想憑空說理，又恐不如借已成之事來說教更為深刻簡明。於是借魯史作《春秋》。《孟子·離婁下》揭示說：「晉之

《乘》，楚之《檮杌》，魯之《春秋》，一也。其事則齊桓晉文，其文則史。孔子曰：『其（指《春秋》）義則丘竊取之矣。』」《春秋》是魯國的史書，與晉國的史書《乘》、楚國的史書《檮杌》都同屬一族。其中所記載的不過齊桓晉文稱霸之事，其內容屬於史書，但其中所貫穿的微言大義，卻是孔子自己賦予的。「竊取」即寄託。可見，孔子作《春秋》，亦是其寄託型思維的產物。孔子之重視喪祭及事鬼敬神之禮，用意與此相同，亦是借物言意之故伎。此即《周易．觀卦》「彖傳」所云：「聖人以神道設教，而天下服矣。」「神道設教」正是孔子「重於喪祭」的夫子自道。

從命意上看，孔子「重於喪祭」的用意有二：一是重禮，二是寓教。首先，孔子重於喪祭，是指重視喪禮、祭禮。歷考上文所引各條孔子重喪祭的文獻，都可作這樣的解釋。除了《論語．堯曰》一條未明確所指外，《禮記．昏義》講的是各種禮儀活動的節次；《論語．泰伯》之言，全文是：「禹，吾無間然矣：菲飲食而致孝乎鬼神，惡衣服而致美乎黻冕（禮服），卑宮室而盡力乎溝洫。」可見亦是側重於禮樂制度而言。特別是《論語．八佾》的「祭如在，祭神如神在」，一個「如」字，告誡人們鬼神的存在是人的假定，並不是真實的存在。

其次，孔子重喪祭之禮的目的在於寓教。在孔子那裡，禮不再是人們從事某件事情必須經歷的過程，它已經被人們從實際行動中抽象出來，被賦予了特定的倫理、社會和政治的含義。如冠禮，並不是必須透過這一過程才能將髮束上，將冠戴上，而是透過此禮來表明受冠者已經長大成人，取得了公民權，從此之後，成年的人就必須受禮的約束，故曰：「禮始於冠。」昏禮，也不是兩個男女結合的必經過程，而是透過此禮來表明兩個家族的合親和傳宗接代的開始，故曰「禮本於昏」。告朔禮，本來是西周天子頒布曆法（朔政）、諸侯敬受朔政的必要形式，但春秋時其頒歷布政之功丟失已久，孔子卻還要保留它，其原因亦是透過舉行此禮，有提醒天子、諸侯不失天道、敬授人時的作用。

以此類推，孔子重乎喪祭之禮，也是注重喪祭禮的教育意義。曾參曰：「慎終（喪）、追遠（祭），民德歸厚矣！」（《論語．學而》）一語道破「重乎喪祭」之實質。孟懿子問孝，孔子曰「無違」，不違並不是不違拗長輩的意見，而是不違背禮教，故他自己解釋說：「生事之以禮，死葬之以禮。」（《論語．為政》）喪祭之禮屬於「孝」的行為，是行孝的重要內容之一。孝為仁之本，行仁當然要履行喪祭之禮了。無怪乎孔子要「重於喪祭」了。

在神學階段，鬼神世界非常繁富，鬼格情態各異，固然有面目猙獰的厲鬼惡神，也有眉善目慈的「苦海慈航」。利用其中懲惡揚善的眾神，可以收奇效於政刑之外。在周人眼裡，從上帝（或「天命」）到鬼神，不再是無條件地歸屬於一家一姓，而是有條件的，也是對統治者發揮監督作用的公正之神、民主之神。《尚書·泰誓上》云：「民之所欲，天必從之。」《尚書·泰誓中》云：「天視自我民視，天聽自我民聽。」《左傳》文公十三年亦云：「天生民而樹之君，以利之也。」又襄公十四年云：「天生民而立之君，使司牧之，勿使失性。」又云：「天之愛民也甚矣！豈其使一人肆於民上，以從（縱）其淫而棄天地之性？必不然矣！」等等。天下是天下人的天下，君主是上天為了人民的幸福和利益而設立的，君主的權利和價值就是替天敬保下民，而不是在人民頭上作威作福，縱淫肆欲。人民的要求，上天必然要滿足；人民的疾苦，上天也必定能察知。上天對於人世的了解，不在乎君主的報告和祝詞，而是直接察之民間，體之下情，人民的喜怒就是上天的耳目，不容君主半點弄虛作假。若君主盡職為善，上天則賜福永遠，否則將收回成命，將福祚改賜他人。

鬼神也是如此，亦被周人賦予了明察和公正的內容：「神，聰、明、正、直而一（集中於一身）者也。」（《左傳》莊公三十二年）是多種途徑察知是非曲直功能的集合；能夠「福（賜福）仁而禍淫」（《左傳》成公五年），具有賞善罰惡的功能。神的服務對象就是人民：「民，神之主也。」（《左傳》僖公十九年）君主是否得到鬼神的佑助，完全看他是否贏得了民心，而不在乎君主禮神事鬼那豐富的獻禮和華美空虛的祝詞。《左傳》桓公六年云：「所謂道，忠於民而信於神也。

上思利民，忠也；祝史正辭，信也。……夫民，神之主也，是以聖王先成（安定）民而後致力於神……於是乎民和而神降之福。」忠於民才能信於神，如果人民不獲其忠，鬼神必然也就不信。上思利民，才能獲得人民的滿意；神職人員向鬼神報告真實情況，鬼神才能相信。希望得到鬼神保佑的統治者，與其為祭祀準備豐盛的祭品，還不如對人民好一些。《左傳》莊公七年亦云：「鬼神非人實親，唯德是依，故《周書》曰：『皇天無親，唯德是輔。』……如是，則非德民不和、神不享矣，神所憑依將在德矣！」鬼神是公正的，不講情面，唯德是輔。人民才是最大的「菩薩」、最高的上帝。

既然鬼神是這樣的愛民愛德，而現實政治又是那樣的虛偽自私、民冤無告、荒淫昏暴，孔子有何理由，又怎能忍心將鬼神這種威懾統治階級的力量盡行廢去，讓昏暴之君肆無忌憚地施虐縱淫，使人民永遠在黑暗中煎熬呢？留下這片哪怕是虛幻的（而當時的人並不這樣認為）聖土，作為疲憊人心希望的樂土和憩息的良港，也作為暴君汙吏望而生畏的最高法庭，從而發揮勸善懲惡、揚清激濁的作用，這也許正是孔子的苦心用意所在。在科學還比較落後的古代社會，人們無法對鬼神做出合理的解釋，對傳統的、具有教育意義的神學思維做出過早的、粗暴的摧毀也是不可取的。在整個社會都還沉浸在迷信之中的時候，即使有個別先知先覺（如孔子、子產）解答了，也未必能為大眾所接受。這也許是孔子不輕易否定鬼神、不明確指出死後有知無知，以及重視喪祭的原因所在吧！

一邊懷疑鬼神，著力於人事；一邊又利用喪祭以施教化。順乎民情，合乎時勢，這正是孔子思想的特殊之處，也是孔子鬼神觀的實際價值所在。

第十二章　修身：從士人到君子

人不同於其他動物。人有社會的法則，不是叢林法則。人據其性格，又有不同層次的區別。那麼，做怎樣的人、怎樣做人？這就成了一切脫離自然狀態——即動物狀態——的人必然考慮的問題，也是一個具有自覺意識，特別是不想碌碌了此一生的人，在行動前和行動中必須考慮的事情。

目標在前，藍圖在手，奮勇直前，百折不回……這幾乎是古往今來成就大事大業的偉人的成功之路。怎樣生活才有意義？怎樣設計自己才有價值？怎樣的人格才是理想的人格？不同的階級和階層、不同的時代和時期、不同的思想和流派，各有其不同的答案。

在先秦時期，道家所崇尚的理想人格，是超脫於一切社會羈絆，絕對自由而又自然的「真人」；墨家崇尚的是「摩頂放踵利天下」，自我犧牲的殉道者；法家崇尚的是面目猙獰，嚴刑峻法，薄情寡恩，玩弄權術的酷吏；兵家崇尚的是運籌帷幄，決勝千里，爭城以戰，殺人盈野的名將；名家崇尚的是能倒黑為白，反非為是的詭辯家;農家崇尚的是親自耕作，自食其力，利用飯後餘暇處理政務的勞動者；儒家的理想人格，則是孔子提出的「君子」。君子人格是儒家的修身準則，也是歷史上激勵志士仁人追求自我完善的光輝典範。

孔子在談到如何做人時，常常使用這樣幾個概念：匹夫、匹婦、士、善人、成人、君子、小人和聖人。現在試析於後。

第一節　大眾人格——匹夫、匹婦

匹夫，即普通人。《子罕》載，「子曰：『三軍可奪帥也，匹夫不可奪志也』」。匹是匹配之意，夫婦配合，謂之「匹夫匹婦」。古代士大夫以上，正妻之外，皆有妾媵，唯庶人無妾媵，只有夫妻相匹配（見《尚書．堯典》孔穎達疏），故早先的匹夫匹婦就是指庶民。

孔子認為匹夫也有性格，倘若他們固守自己的意志，要改變他的性格那簡直比奪取三軍之帥還要困難。意志是主觀的，一旦固守，便堅不可摧、固不可移。孔子讚賞匹夫的這種堅強特質、忠貞氣節，但是並不以此為理想人格。

《論語．憲問》載孔子與子貢論管仲時，提到「匹夫」。子貢曰：「管仲非仁與？桓公殺公子糾，不能死，又相之。」孔子曰：「管仲相桓公霸諸侯，一匡天下，民到於今受其賜，微管仲，吾其被髮左衽矣！豈若匹夫匹婦之為諒（守節）也？自經（縊）於溝瀆，而莫之知也。」管仲是春秋初年齊國的政治家，初與召忽共輔公子糾，後來公子糾為公子小白所殺，召忽自盡殉節；管仲則自請為囚。小白即位，是為齊桓公，管仲被開釋，當了齊桓公卿相。他輔佐齊桓公內修政理，外合諸侯，尊王攘夷，一匡天下，使齊桓公成為「春秋五霸」中稱霸最早、霸業最隆的一代英主。齊桓公的霸業，實際是管仲的功勞。但是，在公子糾遇難時，身為臣子的管仲並未像召忽一樣殉節，這不合乎君辱臣死的古訓。

對此，孔門弟子都有疑問，子路曾曰：「桓公殺公子糾，召忽死之，管仲不死」，以為「未仁」。子貢也認為「管仲非仁者」。但是，孔子並不這樣看，他在答子路之問時曰：「桓公九合諸侯，不以兵車，管仲之力也。如其仁如其仁」；在答子貢時又重申了相似的觀點，並提出了管仲的「仁」與匹夫匹婦的「諒」的區別。匹夫之「諒」，守氣節，主忠信。這固然可嘉，但顧惜一己之氣節，而忘國家民族之大義，自經於溝瀆之中，無益於家國天下，碌碌而生，庸庸而死，這是志士仁人所不效法的。管仲雖然受辱偷生於一時，重死負義於小我，但輔君治國，尊王攘夷，重整了諸侯混戰的秩序，解除了夷狄對華夏的威脅，這就實踐了國家之大義。這與匹夫匹婦的守節踐信不可同日而語。

孔子曰：「君子貞而不諒。」（《論語．衛靈公》）貞即持大節，諒即守小節，一者為公，一者為私，一為公德，一為私德，形式相同，而內容迴異。匹夫之諒的不可取，就在於它謹守小節而缺乏大義。

第二節　修身初階——士

春秋時期，士是一個社會階層，介乎大夫與庶民之間，有一定的田產，是中小業主。《國語．晉語》說：「公食貢，大夫食邑，士食田，庶人食力，工商食官，皁隸食職。」《左傳》哀公二年也將士列於大夫與庶人之間，並且說士如果殺敵立功可獲得賞田十萬，庶民則不能受田。士這個階層仍然屬於「民」的範疇，與「農、工、商」共稱「四民」，但士居「四民」之首。與農、工、商以力謀生不同的是，士是以文化知識和武藝技能服務於社會。其中側重於文化知識的為文士，側重於武藝的稱武士。武士是國家軍隊和卿大夫衛隊的骨幹和中堅，文士是國家官員和卿大夫家臣的主要來源。孔子所代表的士為文士，他們砥礪品德，研習道藝，通古今，辨然否，為統治者提供文職服務。《白虎通．爵篇》云：「士者，事也，任事之稱也。故傳曰：『通古今，辯然否謂之士。』」士有專門的住地，便於研習學問和技藝。他們父子相傳，世襲其業。《國語．齊語》載管仲對桓公曰：「昔聖王之處（安置）士也，使就閒燕（清靜之地）」，「令夫士，群萃而州處，閒燕，則父與父言義，子與子言孝，其事君者言敬，其幼者言弟（悌）。少而習焉，其心安焉，不見異物而遷焉。是故其父兄之教不肅而成，其子弟之學不勞而能。夫是，故士之子恆為士」。這就是古代士人生活的生動寫照。他們出則友教公卿，居則施教鄉閭，既是公卿的得力幫手，也是民間學習的師長。

在春秋初年，士這一階層沒有固定的職位，沒有固定的主人，也沒有明確的國家和政權概念，誰給以祿位，就效命於誰，古語「士為知己者用」正好是這一情況的真實寫照。士人的進退非常靈活，來去自便。有的士人還遠離祖國，仕宦他邦；有的則避世離俗，成為隱士。前者《論語·微子》中稱之為「避人之士」，後者稱為「避世之士」。他們都缺乏天下為己任的高尚情操。孔子意識到這部分人改造社會的價值，主張對舊式士人進行新的鑄造，使其具備良好的修養、遠大的理想、豐富的知識和堅韌的毅力，在道德、知識、體魄上做好出仕的準備。孔子認為：士人的遠大理想是「聞道」（「士志於道」）和「成仁」（「仁以為己任」），以探索真理、完善人格為職志，以拯救天下為己任。有了這個志向，他必須克服重重困難，克制種種欲望，先吃苦中苦方為人上人。假若不能吃苦，那就不足以聞道、成仁，就不是一個好的士，「士志於道而恥惡衣惡食者，未足與議也」（《論語·里仁》），「士而懷居，不足以為士矣」（《論語·憲問》）。士人奮鬥的起點很低，財力有限，如果立志做一個追求真理（志道）的優秀士人，卻又羞於粗淡的衣食，迷戀安樂窩，那他必然會因精力和財力的不足而影響自己的事業和追求。因此曾子曰：「士不可不弘毅，任重而道遠，仁以為己任，不亦重乎？死而後

已，不亦遠乎？」（《論語．泰伯》）

士還必須追求廣博的知識，並形成系統思想。「孔子曰：『推十合一為士。』」（《說文解字》引）段玉裁注曰：「數始於一，終於十，學者由博返約，故云『推十合一』，博學、審問、慎思、明辨、篤行，唯以求其至是（最高真理）也，若一以貫之，則聖人之極致矣。」「推十」的「十」即博學；「合一」即「一以貫之」，也就是在博學的基礎上歸納成系統的理論，形成系統的思想，即「聞道」、「知天命」。不過，聞道、知天命的功夫是君子才具備的，而士人就要向這個方向努力，爭取進入君子境界。

士人在家庭、社會和政治生活中，也要求具備優雅的形象和良好的影響。子路問怎樣才算得上合格士人？孔子曰：「切切偲偲（勉勵為善），怡怡（和樂）如也，可謂士矣。朋友切切偲偲，兄弟怡怡。」（《論語．子路》）朋友相互勉勵，兄弟之間和睦相處，這就可以說是合格的士了。

子貢亦問孔子曰：「何如斯可謂之士矣？」孔子曰：「行己有恥，使於四方，不辱君命，可謂士矣。」子貢又問：「敢問其次？」孔子曰：「宗族稱孝焉，鄉黨稱弟（悌）焉。」子貢又問「其次」，孔子曰：「言必信，行必果，硜硜（淺見而固執）然小人哉！抑（或許）亦可以為次矣。」子貢說：「今之從政者何如？」孔子曰：「噫！斗筲（容器）之人，何足算也！」（同前）這裡，孔子將士劃分為三個等級：最高的士，立身處世，有羞恥之心；出使四方，不辱君命。前者為道德品格的要求，孔子抓住一個「恥」字來激勵士人，如果連羞恥都不講了，還有什麼忠信禮義可言呢？後者為才能的要求，是「士者事也」的本訓。稍次一等的士：只有道德修養——孝悌，而無從政才能。第三個等級是：言而有信，行動果決，見識短淺，但守志不渝，這是匹夫匹婦之諒，但比那些背信棄義、不顧廉恥的人要好多了，因而亦可勉強算為士人。

不過，器識狹小的人，即使已經步入政壇，八面威風，那也算不得合格的士人，不值得士人羨慕。仕與不仕，不是士人的標誌。孔子心目中的「士」，不再是唯祿位是圖的趨利之徒，而是具有道義和是非觀念的人格自覺了的人，他必須在合乎道義的前提下從政。子張謂曰：「士見危致命，見利思義。」（《論語．子張》）士要在必要的時候才受命出仕，在義的前提下才獲取利祿。孔子更具體地說：「夫（士之）達者，質直而好義，察言而觀色，慮以下人，在邦必達，在家必達。」（《論語．顏淵》）這段話告訴人們，士人之達，不是採取不正當手段實現的。他品行正直，襟懷坦白，堅持原則；他善於察言觀色，態度誠懇，謙遜下人。這種人在大夫之家、在諸侯之國求得的仕路亨通，才叫「士人之達」。否則，品行低劣，心懷鬼胎，沒有是非觀念，阿諛奉承，笑裡藏刀，這種人雖飛黃騰達，也不足為貴。正直的士人，對此應該唾而棄之。

從孔子的論述中，可見士的修養是十分優秀的。但士這個等級仍然是功利型的，不足以作為理想人格。《荀子·子道》載，「子路對曰：『知（智）者使人知己，仁者使人愛己。』（孔）子曰：『可謂士矣』」。可見士人的智和仁，還在於使人知己、愛己，還帶有功利的色彩。因此，荀子只把士作為修身的第一階段（「其義始乎為士，終乎為聖人」——《荀子·勸學》），劉寶楠亦認為「士為學人進身之階」。

第三節　四德共修——成人

成人的本義是成年人，《公羊傳》僖公九年云：伯姬卒，因已許嫁而笄，故「死則以成人之喪治之」（《穀梁傳》同，《公羊傳》文公十二年言叔姬之卒亦同）引申為能以禮約束自己的人，《左傳》昭公二十五年：「故人之能曲直（曲折）以赴者，謂之成人。」《說苑·復恩》記晉文公曰：「夫高明至賢，德行全誠，耽（樂）我以道，說我以仁，暴浣（匡正）我行，昭明我名，使我為成人者，吾以為上賞！」更明確地說明了「成人」的具體含義。

孔子所說的「成人」又加入了智慧、廉潔、勇敢和才能等內容。《論語·憲問》載，子路問「成人」，子曰：「若臧武仲（臧孫紇）之知（智），公綽之不欲（廉），卞莊子之勇，冉求之藝（多才），文之以禮樂，亦可以為成人矣。」又曰：

「今之成人者何必然，見利思義，見危受命，久要不忘平生之言，亦可以為成人矣。」孔子將成人分為兩等，上等的成人智勇過人、廉潔奉公、多才多藝、文質彬彬，是道德與才智結合的完人。這是理想中的成人形象。退而求其次：「見利思義，見危受命」，久處於困約而不忘記諾言，這也算一個「成人」。下一等的成人，具有三德：堅持原則（義）、見義勇為（忠）、言而有信（信），與子張所謂「見危致命，見利思義」的「士」人形象無別。

成人的修養似乎比士要高，但還達不到君子的境界。成人好像還不知道天命，「不知命無以為君子」，故成人亦算不得理想人格。

第四節　登堂入室——善人

善人，是指在政治生活中，以充分的好心善意治理國家的人，《論語·子路》：「善人為邦百年，亦可以勝殘去殺矣」；「善人教民七年，亦可以即戎（參戰）矣」。兩處的「善人」皆是此義。《論語·堯曰》：「周有大賑，善人是富」，就是說周王室向功臣頒行大獎。

那麼，到底怎樣才算「善人」呢？《論語·述而》記載孔子之說云：「聖人，吾不得而見之矣，得見君子者斯可矣。」又曰：「善人，吾不得而見之矣，得見有恆者，斯可矣。」

君子次於聖人，善人又次於君子，有恆者又次於善人。有恆者，指矢志不渝追求完善自我的人，即志士。善人大致屬於「成人」的等次，是士人通向君子之路的一個階梯。其具體特徵不大清楚。

子張問「善人之道」，孔子答日：「不踐（履）跡，亦不入於室。」（《論語·先進》）不知所云。孔安國講「室」是聖人之室，當為「升堂入室」之「室」；劉寶楠講「踐跡」為「學禮樂之事」。如果孔安國和劉寶楠的解釋不誤，那麼孔子的意思是：不學習禮樂就不能知道聖人的學術精華，就不能進入聖人的堂奧。那麼，善人當是依禮而行，努力向聖人身邊靠近的人。

第五節　理想人格——君子

一、「君子」釋義

「君子」一詞，在《論語》中出現了107次，其中有倫理學上的意義，也有政治學上的意義，前者表示道德修養中的理想人格，後者指政治生活中的統治者。但這兩者都不是「君子」的本義。「君子」的本義，猶如「公子」、「王子」、「王孫」等字面昭示的意義一樣，指封君的兒子。在周代，凡有封地的人，都可稱「君」，封君的兒子即「君子」，梁啟超稱之為「少東家」，具體而寫實，得其本義。

在孔子以前的古代社會，「學在官府」，統治者不僅壟斷物質資源，還壟斷精神財富，只有封君的子弟才能進入各級學校學習，庶民子弟被剝奪了受教育的權力；只有封君子弟才具有文化知識，「君子」一詞成了知識擁有者的代名詞，君子成了一定修養的人格特徵。在宗法制與分封制下，封君(尤其是大封君)的兒子往往以封邦建國的形式被封封君，成為治民的統治者，因而「君子」又成了統治者的代名詞。《論語·顏淵》說：「君子之德風，小人之德草，草上之風必偃。」《論語·憲問》說：「君子不仁者有矣夫，未有小人而仁者。」《論語·微子》說：「周公謂魯公：『君子不施（弛）其親，不使大臣怨乎不以（用)。」都是用「君子」指稱統治者。

無論是原始社會軍事民主制的遺風（即「選賢舉能」），還是中國奴隸社會處於上升階段，統治者實行「學而後從政」(或「學而優則仕」)的授官方法，在西周時期，統治者都代表那個時代較高的知識和才能，「君子」從「封君的兒子」演變成了具有才智、善於治民的雙重身分，成為社會敬畏和景仰的理想人格。這可能是孔子借用這個陳舊的名詞代表他設計之理想人格的歷史原因。

隨著奴隸制日益走向衰落，代表奴隸主利益的統治者的素養越來越差。尤其是到了春秋時期，統治者形象一落千丈，他們僅僅憑藉血統的高貴獲取世襲的職位。而「天子失官，學在四夷」，以前「學而後從政」的局面已被「後進於禮樂」的潮流衝破，「少東家」們不再透過「六藝」訓練便可以進入仕途。他們知識貧乏、技能低下、品德惡劣，不再是名副其實的「君子」，被孔子蔑稱為「斗筲小人」(《論語·子路》)。他們完全不能成為人民景仰的榜樣，稱呼統治者的「君子」已不再是知識和權力結合的象徵，他們僅僅具有權力地位的意義了。孔子於是借用「君子」一詞來稱呼品格修養很高的人，並重加塑造，形成了一種完美的理想人格。

二、君子之道：智、仁、勇

君子的基本特徵是智、仁、勇。孔子曰：「君子道者三，我無能焉：仁者不憂，知(智)者不惑，勇者不懼。」子貢曰：「夫子自道也。」(《論語·憲問》)君子兼有三德，故不憂、不惑、不懼。在《中庸》中，孔子又把「智、仁、勇」說成是天下之達德，是人類共同的理想人格。蘇格拉底是柏拉圖之師，推崇人類智慧，為古希臘哲學之父;尼采為近代哲學家，提倡強者哲學，勇於批判古代，開創未來，為現代新思潮的開路先鋒；耶穌是基督教教主，教人博愛友善，為歐美文明之神。孔子所提倡的智、仁、勇三達德，分別包容了西方世界三大哲學神聖的思想主題。可見，孔子的仁者哲學放之四海而皆準，無愧於「達德」之稱。

現今看來，孔子關於君子人格智、仁、勇三德的強調，也是非常全面的，同樣具有現實意義。智，為智慧，包括充分的知識和察微知著的智略，這是人類共同嚮往的聰明、自覺、自由的境界。仁，屬於德的範疇，以仁慈為懷，以愛人為意，是人類共同推崇的優秀特質。勇，即體魄，包括見義勇為、堅韌弘毅等內容，正是人類希望事業有成必不可少的力量後盾。智、仁、勇三達德，與現代社會提倡的德、智、體全面發展意思相當，具有異曲同工之妙。一位生於兩千五百多年前的古人，能有這樣全面的認知，確實是難能可貴的。

三、君子風度

君子是道德純粹、品格完美的人，他具有優秀的品德、高尚的情操、醇熟的處世經驗和優雅的行為舉止。具體說來，君子心懷充沛的好心善意，愛人利人，無憂無懼。他具有遠大理想，既積極入世，以天下為己任；又志趣高雅，自拔於流俗之外。他襟懷坦蕩，光明磊落，樂天知命，豁達大度。他知權知變，無偏無頗。他寬以待人，嚴於律己，成人之美，不成人之惡。他衣食中節，儀表端莊。在政治上，君子愛憎分明，無偏無黨；愛民利民，講信修睦。與仁者品德一樣，君子人格亦是人間真善美的化身，時時處處都表現出仁慈、智慧和正義的光彩，將溫馨與文明灑滿人間，給予人春風般的溫暖。

四、怎樣當君子

孔子的君子人格理論，是建立在人世間的實踐倫理和社會道德基礎之上的，它不同於只可嚮往、不可企及的宗教神聖，它植根於生活，是人間客觀存在的美德的提煉和昇華。它具有真真切切的親切感，也具有鼓勵人們奮發向上的實踐意義。在孔子看來，只要人們隨時保持追求理想人格的意識，並加以恰當的方法，矢志不渝地修練，人們完全可以進入這個理想的人格境界。孔子是怎樣指引我們向君子境界進軍的呢？歸納起來有以下幾個步驟和注意事項：

其一，必須堅持「仁、義、禮」三項基本原則，堅定明確的政治方向。「君子去（離）仁，惡乎成名？君子無終食之間違仁，造次必於是，顛沛必於是」（《論語 · 里仁》）；「君子之於天下也，無適（順從）也，無莫（否定）也，義之與比」（《論語 · 里仁》）；「君子義以為質，禮以行之」（《論語 · 衛靈公》）；「君子義以為上。君子有勇而無義為亂，小人有勇而無義為盜」（《論語 · 陽貨》）。

其二，樹立遠大理想，不貪圖享受。「君子謀道不謀食。耕也，餒（飢餓）在其中矣；學也，祿在其中也。君子憂道不憂貧」（《論語 · 衛靈公》）；「君子食無求飽，居無求安，敏於事而慎於言，就有道而正焉」（《論語 · 學而》）。

其三，博學於文，上達天道。孔子認為，耕作之事，漁獵工商，都是普通百姓的事，是小人之事（《論語 · 子路》）。一個想成為君子的人，應志向遠大，探求至道。而求道的途徑便是學習。道又分為大道（或天命）和小道（文，即具體知識）。君子固然要學習小道，但要存小而志大，以通達大道為極至（即「上達」）。他告誡子夏曰：「女為君子儒，無為小人儒。」什麼是「君子儒」？什麼是「小人儒」？孔子曰：「君子上達（知天道），小人下達（溺於小知、小道）。」（《論語 · 憲問》）君子儒知天道，小人儒只知人事以及其他委曲細事。細事並不是不重要，問題是沉溺其中會喪失大志。子夏曰：「雖小道，必有可觀者焉。致遠（深溺）恐泥（膠執），是以君子不為也。」（《論語 · 子張》）

其四，形成內在的美質和外在的修儀，讓內質與外儀完美統一，成為文質彬彬的君子。孔子曰：「質勝文則野，文勝質則史，文質彬彬（協調），然後君子。」（《論語 · 雍也》）還要形成莊重的威儀：「君子不重則不威。」（《論語 · 學而》）

其五，謹言力行，言行一致。「君子……敏於事而慎於言」（《論語 · 學而》）；「君子欲訥於言而敏於行」（《論語 · 里仁》）。慎於言故寡過，敏於事（或行）則有功。又子貢問君子，子曰：「先行其言而後從（再說）之。」（《論語 · 為政》）又曰：「君子恥其言而過其行。」（《論語 · 憲問》）言行一致是有信的表現：「信近於義言可復（履）也。」在義的前提下許下的諾言，是可以實踐的。

其六，正確處理人際關係。「君子求諸己，小人求諸人。」透過與人相處，培養自己嚴於律己、寬以待人和忠信的品行。

其七，自我反省，時常用君子的標準來檢討自己，包括三戒、三畏、九思等內容。孔子曰：「君子有三戒：少之時，血氣未定，戒之在色；及其壯也，血氣方剛，戒之在鬥；及其老也，血氣既衰，戒之在得。」（《論語·季氏》）孔子曰：「君子有三畏，畏天命，畏大人，畏聖人之言。小人不知天命而不畏也，狎大人，侮聖人之言。」（《論語·季氏》）孔子曰：「君子有九思：視思明，聽思聰，色思溫，貌思恭，言思忠，事思敬，疑思問，忿思難，見得思義。」（《論語·季氏》）

其八，知錯就改，絕不文過飾非。子夏曰：「小人之過也必文。」（《論語·子張》）子貢曰：「君子之過也，如日月之食焉，過也，人皆見之；更（改）也，人皆仰之。」（《論語·學而》）要想成為君子的人透過自我反省，發現錯誤，及時改正，使無重犯，於是就向完美的方向邁進了一步。人類正是在不斷糾正自己的錯誤中前進的，也是在改正錯誤後完善的。小人則不然，他們有錯必文飾遮掩，「過而不改，是謂過矣！」過上加過，錯了再錯。小人自以為永遠無錯，所以他永遠是小人。君子總是在改正自己的錯誤，所以他成了君子。

君子代表人間美德，而小人則代表人世之卑汙，君子和小人分別代表人格的兩個極端。知乎君子，則小人之過亦可避免矣。

第六節　神聖的人格——聖人

「君子」是倫理道德方面的人格情態，「聖人」則是君子人格榜樣在政治領域的應用。子路問君子，子曰:「修己以敬。」子路又曰:「如斯而已乎？」孔子曰:「修己以安人。」子路曰:「如斯而已乎？」曰:「修己以安百姓。修己以安百姓，堯舜其猶病諸。」(《論語．憲問》)「修己以敬」和「修己以安人」分屬於倫理道德和社會範疇，「修己以安百姓」則屬於政治領域，孔子認為那已是屬於堯舜的聖人之業。可見，君子人格上升到政治領域，實現「安百姓」的偉業，便成了聖人。

聖人也是仁者之德在政治領域的進一步昇華，以仁者之德從政，成就了「博施濟眾」之偉業者，即為聖人。子貢曰:「如有博施於民而能濟眾，何如？可謂仁乎？」子曰:「何事(只)於仁，必也聖乎！堯舜其猶病諸！」(《論語．雍也》)

可見，孔子心目中的聖人，在品德上是個愛人的仁者，在人格上是個完美的君子，在事業上是一個偉大的成功者。《大戴禮記．誥志》曰:「仁者為聖。」即此之謂也。這與後世理解的無所不能、無所不知、神祕的聖人似乎有一定區別。

孔子論人格的一大特點，是立足現實，塑造理想。他不忽略普遍的大眾人格(即匹夫匹婦)，但也不遷就普通人格。他對普通人格有表彰(三軍可以奪帥，匹夫不可奪志)，但也不局限於普通人格，不主張停留在「匹夫之諒」、「硜硜守節」

的水準。他主張士人應該與匹夫之諒有所不同，那便是知道天命，心懷大志，學習文化，具備才能，具有智、仁、勇，能用禮樂來規範、陶冶自己，能任大事，善於處事，舉止優雅，待人仁厚的君子。君子是人類美德的結晶，君子是社會道德的典範。他認為具有君子修養的人，如果將自己的品德和才能用於政治，推之天下，廣泛地造福於人、施惠於人，那他就成了聖人。孔子的修養論是建立在現實基礎之上的，既不玄遠，也不神祕，具有極強的實踐意義，我們完全可以稱之為「實踐倫理學」。正因為此，千百年來，孔子的理想人格論，激勵了無數有志之士透過修身砥礪，實現了成為仁人、君子和聖人的人生追求。孔子不僅是儒學的先師，也是中華文化中仁人君子群體和聖人者流的先師。他在如何做人的問題上貢獻巨大，舉世矚目。

電子書購買　爽讀 APP

國家圖書館出版品預行編目資料

身懷六藝，承載六經！孔子重寫亂世秩序：講仁不只要愛人，重禮不只為形式，信命但是不服輸！孔子如何以教化之力，在亂世中點燃人類精神的明燈 / 舒大剛 著 . -- 第一版 . -- 臺北市 : 複刻文化事業有限公司 , 2025.09
面； 公分
POD 版
ISBN 978-626-428-240-6(平裝)
1.CST: (周) 孔丘 2.CST: 學術思想 3.CST: 傳記
121.23　　114013013

身懷六藝，承載六經！孔子重寫亂世秩序：講仁不只要愛人，重禮不只為形式，信命但是不服輸！孔子如何以教化之力，在亂世中點燃人類精神的明燈

臉書

作　　者：舒大剛
發 行 人：黃振庭
出 版 者：複刻文化事業有限公司
發 行 者：崧燁文化事業有限公司
E-mail：sonbookservice@gmail.com
粉 絲 頁：https://www.facebook.com/sonbookss/
網　　址：https://sonbook.net/
地　　址：台北市中正區重慶南路一段 61 號 8 樓
8F., No.61, Sec. 1, Chongqing S. Rd., Zhongzheng Dist., Taipei City 100, Taiwan
電　　話：(02) 2370-3310　　傳　　真：(02) 2388-1990
印　　刷：京峯數位服務有限公司
律師顧問：廣華律師事務所 張珮琦律師

定　　價：350 元
發行日期：2025 年 09 月第一版
◎本書以 POD 印製